仕事でも家庭でも「問題解決」に役立つ本

半小时
轻松读懂
舆情

亲传6W1H全套危机管理法

【日】竹中功/著　杨喆/译

中华工商联合出版社

图书在版编目（CIP）数据

半小时轻松读懂舆情/（日）竹中功著；杨喆译
. -- 北京：中华工商联合出版社，2024.3
ISBN 978-7-5158-3892-2

Ⅰ.①半… Ⅱ.①竹…②杨… Ⅲ.①互联网络–舆论–研究 Ⅳ.①G206.2

中国版本图书馆 CIP 数据核字（2024）第 048234 号

SHAZAIRYOKU by Isao Takanaka
Copyright © 2019 by Isao Takanaka. All rights reserved.
Originally published in Japan by Nikkei Business Publications, Inc.
Simplified Chinese Translation Rights arranged with Nikkei Business Publications, Inc. through East West Culture & Media Co., Ltd.

北京市版权局著作权合同登记号：图字 01-2020-3909 号

半小时轻松读懂舆情

作　　者：	【日】竹中功		
译　　者：	杨　喆		
出 品 人：	刘　刚	版　次：	2024 年 5 月第 1 版
责任编辑：	于建廷　王　欢	印　次：	2024 年 5 月第 1 次印刷
装帧设计：	周　源	开　本：	710mm×1000 mm　1/16
责任审读：	傅德华	字　数：	220 千字
责任印制：	迈致红	印　张：	13.75
出版发行：	中华工商联合出版社有限责任公司	书　号：	ISBN 978-7-5158-3892-2
印　　刷：	北京毅峰迅捷印刷有限公司	定　价：	59.00 元

服务热线：010-58301130-0（前台）
销售热线：010-58301132（发行部）
　　　　　010-58302977（网络部）
　　　　　010-58302837（馆配部、新媒体部）
　　　　　010-58302813（团购部）
地址邮编：北京市西城区西环广场 A 座
　　　　　19-20 层，100044
http://www.chgslcbs.cn
投稿热线：010-58302907（总编室）
投稿邮箱：1621239583@qq.com

工商联版图书
版权所有　盗版必究

凡本社图书出现印装质量问题，
请与印务部联系。
联系电话：010-58302915

▶▶▶ 前 言 ◀◀◀

致阅读本书的您

首先，在此向于浩如烟海的书籍中挑选这本《半小时轻松读懂舆情》的您表示由衷的感谢。

也许此时的您正站在"不得不马上致歉"的关口。突然陷入这样的窘境，想必您正手足无措。

这会儿您也许在想："总之，要先准备致歉时的着装、带的礼品、措辞、礼貌规矩。""一定要早点从这堆麻烦事中脱身。""哎呀，我铁定不行，怎么办呢？"有的人还会想："哎呀，还有记者会呢？！"

先沉住气，冷静下来，最好做个深呼吸。

本书的主要内容同"人间力"一样，是讲作为一个人应当具备的"致歉"的"能力"。

不得要领、虚与委蛇的"致歉"真的能让你（你们）得到对方的原谅吗？这样做说不定会火上浇油，恶化事态。试着站在对方的立场上感受一下吧。

话虽如此，这事却容不得磨蹭。如果一直拖着不说一句致歉的话，不表达致歉的意思，也就怪不得对方的火气和不信任感会噌噌地上升。千万不要说"时间会解决一切"这类拖拖拉拉的话。

此时，您的脑子里恐怕都在想些跟自己相关的事情。

"我可不喜欢别人对我发火。""我可不喜欢担责任。""能不能从这事件脱身啊？"或者"明明不是我的错，为什么非要我道歉呢？"

不对，应该说都顾不上考虑自己，身心都被各种事情填满、追赶、逼入窘境。

如果您正面临着这种十万火急的情况，希望您能够首先理清"应该做的事情"。这些都整理在最后的"致歉清单"上。

其实您最好能够从头开始阅读，如果真的情况紧急，您从那部分开始看也未尝不可。里面的内容不少，想必能够派上一定用场。如果情况并非十万火急，您最好能够通过阅读各章的内容来详细了解每一点的具体含义。无论致歉早晚，最重要的还是"致歉"本身。将该做的事情妥善做好，这就是您的职责。

"我眼下并没有需要致歉的事情，读这本书只是想万一碰到这种事情提前有个准备。"如果这是您此刻的想法，那么此刻您为什么会想要了解有关"致歉"的事情呢？或许是因为合规、风险管理、总务、公关方面的部署发生了变动，或许是因为升职后肩上的责任更重了，或许是因为接到的工作太棘手，隐隐约约感觉到许多麻烦的先兆。

不管如何，既然已经有了这种想法，就让我们一同对"致歉"展开更深入的思考和了解吧！毕竟对此饶有兴趣的也大有人在。

"因为听说《好的致歉——化解工作危机的道歉技巧》出了续篇，所以就想着拿来看看。"听到有人这样说，我真是非常荣幸。

本人曾在吉本兴业（译者注：吉本兴业为日本最大的艺人经纪公司、电视节目制作公司）工作了35年左右，长期负责公关工作，与媒体打交道，后期作为合规、风险管理的管理委员亲临各种致歉现场，拥有丰富的主持紧急记者会的经验，在此经验的基础上，于2016年11月出版了《好的致歉》一书。书中所介绍的"致歉的基本点"至今依然适用。

关键点一言以蔽之，就是要弄清楚"什么人，向谁，为了什么而道歉"，否则就是"坏的道歉"，必须要从头再来。

"如果基本内容都一样的话，不就没必要看续篇嘛！"非也，暂请收回此言，继续读下去。这4年里又发生了各种坏事、大事，又看到了很多的"致歉"。这些社会上发生的事情，我自身新的经历，都让我有了各种各样的感受，我希望重新将我所注意到的、我所深思后的东西与大家分享，于是便写了这本书。本书的目标是帮助读者强化"致歉能力"，助其成为能顺利解决问题的人，也就是遇事不慌、能够妥善处理问题的人。期待本书能够帮助更多人成为"可靠之人"。

在获得原谅后，"致歉能力"甚至能像魔法一样，让生气的一方摇身一变成为提供帮助和支持的一方。

当然，请别忘了，最重要的还是找到避免走到道歉这一步的办法，也就是"应付危机的方法"。前一本书的标题看起来是在宣传"成功致歉"

的方法，其实写的是"避免走到道歉这步"的"危机管理"。

这四年里，我既关注过被连日报道且已成为社会大新闻的致歉，也碰到过因亲人朋友之间的纠纷而产生的致歉。在媒体上你永远不会看到，无论是致歉方还是被致歉方，当事人所遭受的心理创伤都是难以言喻的。这与事件的大小无关。必须要做的是认真地面对已经发生的事情，从情感上、精神上真诚地请求对方的原谅。再次强调，您不是单纯地去鞠躬行礼，而是应该明白这样做的内涵。

对于日本人来说，"致歉"有时并不意味着自己全错了，而是通过鞠躬行礼来推动事态前进。尽管如此，只流于形式的"仪式"是行不通的。当面临重大问题时，这样的"仪式"对于修复人际关系以及精神层面的关系，获得对方"理解"又是不可或缺的。

"致歉能力"不仅是致歉方必须具备的能力，也是被致歉方所应该拥有的能力。"理解""宽容"的能力也应算作"致歉能力"。

本书的内容不只涉及企业和组织有可能面临的各种问题，还会讲到家庭关系、朋友关系中会面临的问题。

问题经常会不期而至。

实际上，无论是在表演中游刃有余地进行Improvisation（即兴演奏）的爵士演奏家，还是完美接住明石家秋刀鱼或Downtown（译者注：Downtown为日本著名搞笑艺人组合）抛出包袱的吉本兴业年轻艺人，他们的表现都离不开排演和训练。这并不是因为他们会照葫芦画瓢，而是因为他们训练时注重提高的是基于经验的"即兴能力"。前辈一边看着后辈汗流浃背、拼命训练的样子，一边发出"嘻嘻嘻"的嘲弄声反而能激发出后辈的潜能。

　　因此，在这里，为了让大家掌握"致歉能力"，笔者诚挚地鼓励大家进行"致歉训练"。

竹中　功

▶▶▶ 目 录 ◀◀◀

第一章
生活在"大致歉时代"

也许明天还会有"致歉记者会"	003
何以至此？	009
认识"愤怒"	012
何为原谅？	017
"网络与骄躁"的杀伤力	021
索赔一定是坏事吗？	033
很多人憧憬的致歉能力	039

第二章
何为"致歉能力"

道歉背后是一颗真心	047
练习与自己沟通	053
帮助解决问题的"致歉能力"	059
经验至上，但还要随机应变	063
纸上得来终觉浅，绝知此事要躬行	069

第三章
错误的致歉方式

深入分析"大学橄榄球违规截球
事件" ‖ 077 ‖
不同的价值观与两场记者会 ‖ 082 ‖
确定共同的目标 ‖ 089 ‖
【实战】你会怎么做？试着设计致歉方案 ‖ 092 ‖
　事例1　大学橄榄球违规截球事件 ‖ 092 ‖
【解说】怎样实现更好的致歉 ‖ 102 ‖
　事例2　偶像团体致歉记者会事件 ‖ 102 ‖
　事例3　大牌汽车制造商会长被捕
　　　　辞任事件 ‖ 108 ‖
　事例4　准备不足、缺乏自我控制——
　　　　问题的根源显而易见 ‖ 111 ‖
【实战】你会怎么做？试着写出方案 ‖ 113 ‖
"有关因会场施工延期而取消婚礼企划"
记者会方案 ‖ 115 ‖

第四章
危机应对方法

先电话还是直接前往？ ‖ 131 ‖
如果致歉被拒怎么办？ ‖ 132 ‖
赔偿的原则和内容 ‖ 134 ‖
是否应该带着致歉信 ‖ 137 ‖
是否应该带礼物 ‖ 142 ‖
应该注意的"NG点" ‖ 146 ‖
登上热搜怎么办 ‖ 150 ‖

第五章
致歉能力促进家庭和睦

三大"禁忌"帮你解决"毫厘之差" ……… 161
少一些隔阂　多一些笑脸 ……… 166
事例1　婆媳问题 ……… 170
事例2　邻居相处 ……… 175

第六章
"致歉训练"的相关建议

防范公司、团体、家庭中的100种风险 ……… 181
【实战1】贯彻"风险的可视化" ……… 181
【实战2】开始"致歉训练"吧 ……… 185

第七章
改变社会和自己的"致歉能力"

掌握"解决问题的方法",拥抱更好的人生 ……… 195

附录
"致歉方案"确认表 ……… 202

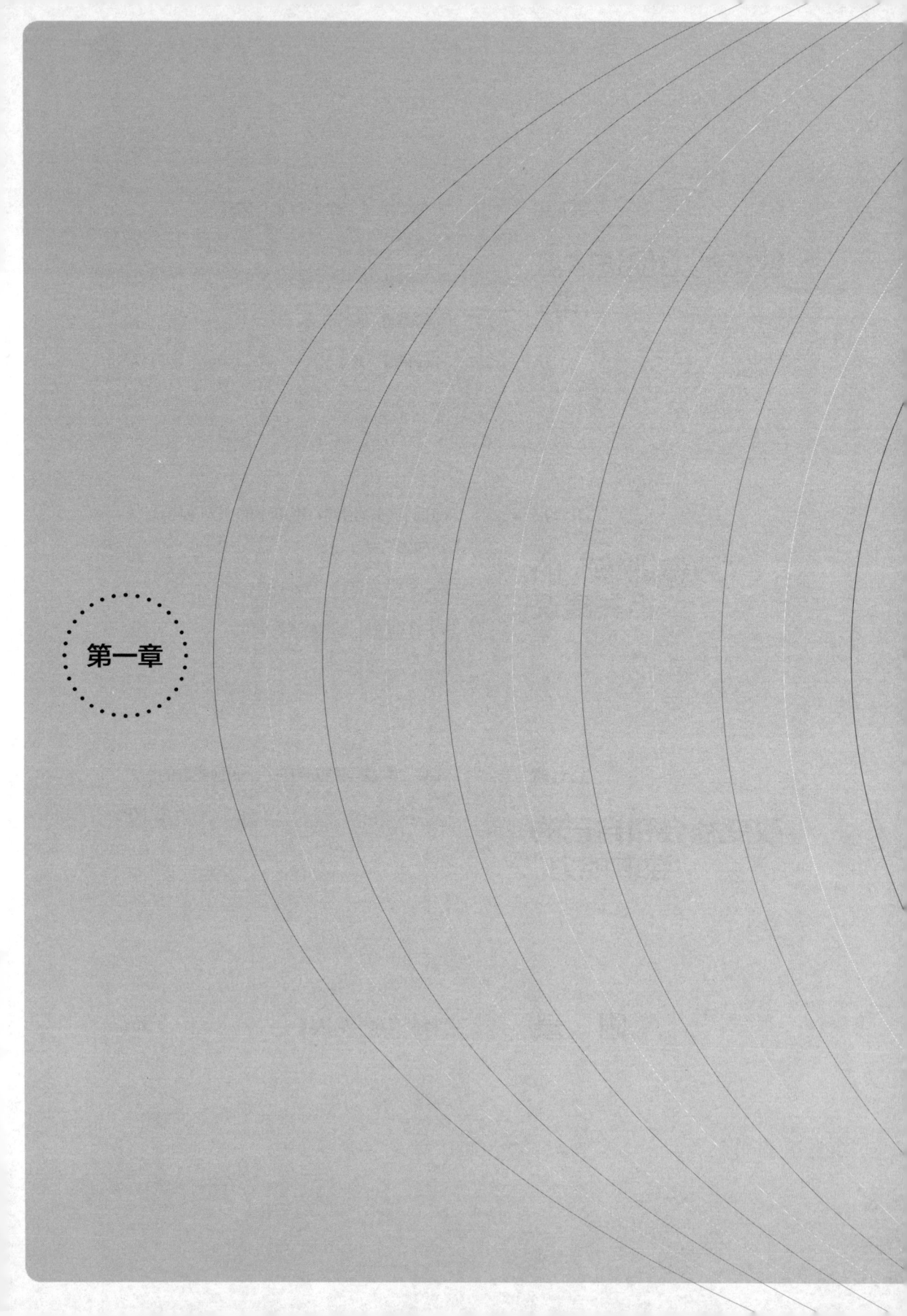

第一章

生活在"大致歉时代"

也许明天还会有"致歉记者会"

不过……最近的日本到底怎么了?

打开电视,致歉记者会好像每日接连不断。日本家喻户晓的知名企业和大学在道歉,体育强队在道歉,本应得到患者信任的医院在道歉,本应向"粉丝"传递梦想的明星和艺术家在道歉……类似事件频频发生,一次次撼动着旧有权威和社会信任。

电视上致歉的画面一个接一个地出现,事件的主角一个接一个地轮替。致歉的内容也五花八门,所以,好像每天都在不知不觉诞生新的热点。

我在吉本兴业的35年里也主持过诸多的"致歉记者会",我清楚地知道总会有意料之外的麻烦发生，随之，也必须为了致歉的事情疾走奔忙。然而，致歉会还是不计其数。不仅如此，火上浇油的"失败致歉"也屡见不鲜。虽然我一直以来致力于宣传"好的致歉"，但我不得不说，很遗憾，当今日本的"致歉能力"尚未成熟。这是因为大家都还没有读上一本《好的致歉》的缘故吗？

最近，我在看电视读报纸的时候注意到一点：道歉本身似乎正在慢慢变成"目的"，致歉记者会也似乎正在变成一种作秀。

不过确实，最近的节目报道最重要的工作就是提高收视率，如此说来，为了让观众锁定频道而追求内容也是理所当然。报纸和杂志也是如此，追求有爆炸性的照片和题目，追求让位高权重的人深深低头道歉，追求看苦恼的脸，追求看苦痛的泪水。

新闻理应是纪实的，如今却如电视剧表演艺术家一样，常常试图去满足观众对于演员的期望。

"致歉"本不应该成为一种目的。当自己的某一行为给对方或其家人、朋友、同事，以及自己和自己身边的人造成负面影响时，通过在致歉中表达自我反省和决不再犯等内容，来请求对方谅解，这才是致歉的真正目的。

前作《好的致歉》给人的印象是一本装满致歉良方的书，其实里面还有一些有关"怎样可以避免道歉的方法"的内容，这可能有些出人意料。然而距这本书出版已经过去几年了，"致歉记者会"好像渐渐变成了媒体的一道"美味主食"。

既想要吃到美食，又想要找到好店，还留意别人的评价。给人的感觉简直就像在Tabelog（译者注：日本的美食点评网站，类似于大众点评）寻找美食，边看边想"今天选哪款道歉呢"？

可能很多读者已经忘得差不多了，我就在这里对某年日本发生的主要"致歉事件"进行一个回顾。

1月19日　知名音乐制作人与护士的出轨报道

1月19日　西宫市长对报社记者爆粗口

1月24日　日本泳坛代表选手对后辈性侵

1月26日　虚拟货币公司社长外流580亿日元

1月26日　租赁服装公司社长在成人礼即将到来之际宣布破产

2月1日　明星长女因持有大麻而被捕

3月3日　知名男演员与知名女明星的丑闻

3月9日　前国税厅长官文件审批事件

3月15日　摔跤王牌大学校长、领队对选手的职权骚扰嫌疑

4月17日　前新潟县知事向女大学生买春嫌疑

4月18日　前财务次官对电视台记者性骚扰问题

4月26日　某人气偶像组合成员遭遇强行猥亵问题

5月2日　4名人气偶像组合成员遭遇强行猥亵问题

5月22日　大学橄榄球球队选手就恶意擒抱截球问题

6月14日　人气喜剧作者评论招致众人批评

6月14日　日本摔跤协会部长对选手的性骚扰嫌疑

7月5日　全国高校手球选手击打对方手肘

8月9日　著名马拉松选手发表不当言论

8月20日　男篮选手于雅加达发表不当言论

9月5日　日本体操协会副会长、部长夫妇职权骚扰被揭发

9月11日　著名女演员的次子第四次被捕

9月18日　大津市市议员在社交网络上发文"市长垃圾"

9月26日　原女子偶像团体成员因违反机动车运行处罚法被捕、起诉

10月3日　中国超人气女演员因逃税致歉

10月4日　面包制作公司误将红豆沙注入奶油面包

10月6日　职业女子网球选手为其在四分之一决赛中意气用事的举动致歉

10月14日　美国著名电影演员、原加利福尼亚州州长过去的性骚扰嫌疑

10月15日　私立大学医学部考试不公问题

10月18日　超级实力派歌手超级竞技场的公演取消

10月22日　电视新闻将嫌疑人的照片弄错

10月30日　冲绳北方担当相被曝约十年前"全裸着身子按别人家的门铃"

11月1日　航空公司副驾驶被查出身体酒精含量超标，被当地警方拘捕

11月13日　国务大臣于国会答辩上的发言中读错字以及读错议员的名字

11月13日　韩国偶像团体成员身穿有原子弹爆炸图案的T恤

11月15日　人气电视节目因"假栏目风波"而致歉并终止栏目

11月19日　汽车巨头公司社长因前社长被捕事件而召开记者会

11月20日　礼服租赁公司因破产和被判有期徒刑而致歉

11月23日　意大利奢侈品牌视频辱华招致批评，2名创始人致歉

11月26日　汽车巨头公司社长因前社长被捕事件在公司内部进行致歉报告

怎么样？是不是感觉这些都是很遥远的、快要遗忘的事情呢？这样的话题事件个个轮替，不知不觉就会被遗忘，等到沉寂下去就没事了……如果你这么想就真的太天真了。

从"记录"着手解决

热点话题的转移对于电视来说只要一瞬间，对于报纸来说只要一天，对于杂志来说只要等到新的一期发行。进入网络时代后，话题的转移变得更加迅速。话虽如此，之前的话题却会作为存档一直留存下去。不管这个事件是非正式的、有错误的，还是已解决的，都会得到保留。某一天，人们只需简单搜索一下，就能够旧事重提。

如果你只是读读新闻、上上网，当然可以一笑了之，但当你成为当事人的时候，你就会发现，这是一个恼人的问题，甚至自家地址或家人的隐私都会被泄露，日复一日，生活备受煎熬。无论如何，当这样的事情不再是"他人之事"，而变成"自己的事"时，当务之急还是要将问题解决。我们必须清醒地认识到，当今时代，发生的问题并不会消失，所以，

重要的是留下一个好的"解决记录"。网络世界就是一个"魔界",无论录入多少新的东西,重要的还是那个"解决记录"。就算无法彻底消除毫无根据的推测和谣言,能拿来与之对抗的只有事实。面向目标主动致歉,这一行为就是我所说的"事实"。

何以至此？

看看电视上的致歉记者会，好像整日遭受媒体严峻拷问的名人们也清楚：当下是一个不容易的时代。然而可惜的是，他们并没有真正明白这一内涵及其严重性，并且无法产生切身的理解。

在命运的分岔路口，有将某事看作"他人之事"或"自身之事"这两种选择，而这一不同产生的关键点就在于"骄傲""自负""自信过量"。

其中，"骄傲"是招致麻烦的罪魁祸首。骄傲的人容易觉得"自己是特别的"。也就是说，这不只是名人才有的毛病。"如果是自己就肯定没问题"，谁的心里都会有这种想法，若无其事地觉得明天的太阳也会如今日般照常升起，甚至还会有些迫不及待。但是要记得，现实和想象常常恰恰相反。

意外可能会降临在每个人身上。这其中既有自身的原因，也有外界的原因。有好的意外，有坏的意外；有开心的意外，也有悲伤的意外。这些都有可能在突然之间发生并"扩散"开来。

其中有这样的情况，当给别人添了麻烦时，说上一句"对不起"，对方回复一句"没关系"，当场就化解掉问题。当然也有其他的情况，如果问题升级、争端进一步扩大，你就必须做好面对的准备，做好被针对，甚至遭到世人指责的准备。自己必须认识到我们就是生活在这样一个时代。

用"投接球"战胜"甜如蜜"

如今，很难让加害者与被害者脱离所谓的"旁观者"。这些"旁观者"，其实不过是见所未见、闻所未闻，毫无关系的旁观的"网民"们，他们中的很多人喜欢争先恐后地参与到事件当中，更有甚者会肆意传播一些揣测和谣言。这些风言风语会肆意生长，并再次传到更多人的耳中，使得新闻进一步放大。

新闻新闻，贵在一个"新"字。如果是真实的尚好说，但如果是真实性存疑的、不确定的新闻，只要它让人感到新鲜，就会被世人议论纷纷、添油加醋。在这过程中，就会变成"他人不幸似甜如蜜"，也就是说，如果事件的当事人是你嫉妒的人，那么你便会因此感到快意，喜悦之情溢于言表，这种心理已得到过科学的验证。在2chanel（如今为5chanel）论坛，这种情况被称为"饭香"，意思是"因为别人的不幸，你今天吃饭都更香了"，也就是将本人的快乐建立在别人的不幸或非议之上。

在这种大环境下，自绝于谣言和局外人之声，只是不声不响地直接向对方表示反省，可能会因为对方已埋没于谣言和局外人的声音当中而无法与其进行真诚的交流。很可惜，此时就不只是"沟通不足"，而是陷入了"无法沟通"的状况。

我常常将"沟通"称为"心的投接球"，这样比喻是因为沟通就像是一种游戏，根据各自的力量将球你来我往地投接。**重要的是通过这样的活动达到心意相通，这才是本质所在。**

不快乐的投接球游戏是不幸的，宝贵的交流无法顺利进行也是遗憾的。人总是期望能够与对方取得沟通并解决问题，想要如此，必须毫不懈怠地做出努力。

认识"愤怒"

"愤怒"究竟从何而来?

人为什么会愤怒?

所谓"愤怒",可以理解为人对某一事物产生反应,陷入一种负面情绪的现象。

愤怒可能是由别人的过失产生,也可能是由其他情况产生。有时产生于对对方的恶意,有时并不伴随恶意,仅仅是因为意外。所以,愤怒的起因是多种多样的,并根据个人性格的不同而有所不同,也就是说,"怒点"低的人可以立刻发起火来,相反,也有不会发火的人。

然而,无论何种理由,受到伤害的一方都会感到愤怒。

细看其中，身心的伤痛自不必说，其他种种折磨亦不可数：愤怒、怨恨、懊悔、悲伤、辛酸、为难、虚伪……

另外，众所周知，如果满口狡辩、借口和谎言，或是强行正名只会火上浇油。

有人会说：那么对容易生气的人多关注一些，给不易怒的人少添点麻烦就好。然而并非如此。就算一个人看起来没有生气，也并不能说明他心里没有产生愤怒的情绪。如果意识到对方已经陷入负面情绪，有些生气，但只是没有将这种情绪外化，此时如果还是选择放任不管，这种方式其实就挺不诚恳的。

是否将产生的愤怒情绪外化与各种因素有关。打个比方，如果你遭受了不公正的对待，但是鉴于对方位高权重，自己日后还会生活在其影响之下，那么你可能会选择不表露自己的愤怒。相反，如果在你位置之下的人惹怒了你，你可能就会更容易表露自己的愤怒。当然，在这种情况下，也有选择不发火的人。无论哪种情况，愤怒都是一种在瞬间对对方进行判断并由内而发的生理现象。

此外，就算遭遇同样的事情，最后是否会转向愤怒也是根据具体情况、对象和条件而决定的。

比如，如果"突然有人敲你的头"，你会是什么反应呢？

你可能会说："那肯定要发火呀！"那么，你是否具体考虑过对方是谁呢？

如果对方是合不来的上司，那你一定会相当恼火。平日里积攒的不满可能会一并涌上心头，如果是当着其他同事的面被敲了头，还会平添一份"屈辱感"。或者，一想到被敲了头，再将其与之后可能会遭受的处分联系起来，你的不安之感便油然而生。

如果是被素不相识的人突然敲了下头呢？你是否会因为这种莫名其妙的情况而生气呢？此时你可能就会因为感到危险而心生恐惧，根据对对方的判断，说不定还会选择逃之夭夭。

如果对方是那种平日里只要气氛到了，就会边叫嚷着"搞什么搞！"，边跟你互相敲头的老友呢？如果对方是 Downtown 的浜田（日本搞笑艺人），只要不是故意敲很重，应该是不至于生气的。

又或者，如果是自己年幼的孩子满面笑容地靠过来，非常可爱地嘭嘭敲你的头呢？如果是自己的恋人边说着"真讨厌"边敲你的头，此时说不定你反倒会心情愉悦，双方开心地拥抱，变成一个甜蜜的瞬间。

愤怒根据程度的不同，也会有不同的表现。强烈的怒火会给身心带来巨大的负担，所以，平日里你如果有了小情绪，可以稍微思考一下它的来由，便能够适当地浇灭怒火。

如此来看，一样都是"愤怒"，其背后的成因却是多种多样的。

在这里，让我们来重新审视一下愤怒的定义。

"对某一事物产生反应，陷入负面情绪的一种现象。"

人之所以会陷入负面情绪，是因为自己所期待的情况与实际情况之间产生了偏差，这样解释就比较容易理解了。

你需要明白的是，当你一不小心给对方的心理造成了这种偏差，对方自然会产生或大或小的愤怒情绪，这与前文所讲的愤怒是否外化无关。**此时，你需要做的是坦诚地、心怀正义与善良地面对对方的愤怒。**

愤怒的程度、所惹怒的人数的多少并不应该成为你行为的尺度。就算只是一个人的愤怒，只要其愤怒的理由是合理的，就应当真诚地进行应对。这才是"好的致歉"。

前面已经提到，生气以及无法原谅都会给身心带来巨大的负担。好好道歉并取得原谅也是帮助对方减轻这类负担。

为愤怒"命名"，冷静应对

接下来介绍如何应对"愤怒"。要想致歉非常重要的一点是要剖析"愤怒"，搞清楚在什么地方、以什么样的方式致歉。

我自己很擅长将对方的"愤怒"进行分类并为其命名。这样做能够更容易地分析出愤怒的原因，由此便能更好地去应对对方的"愤怒"。用这种方式在头脑中进行整理，首先能够让自己冷静下来，让自己放慢速度，更好地控制自己的情绪，思考应该对对方采取什么样的行动。每当我碰到问题，我都试着不焦虑，同时不断地自我洗脑"要冷静，要冷静"，并通过深呼吸让自己平复下来，结果总能跨过这些坎儿。

理解了"愤怒"的深层含义，你就能够进一步感知到是"强烈的愤怒"，还是只剩下"焦躁"，也能够区分出"悲伤""嫉妒""不安""羞耻""嫌弃""罪恶感""低落""怨恨"，并为之命名。总的来说，"愤怒"背后总有"后悔"的情感，所以，无论"愤怒"的形式如何变化，都会带给人精神上的痛苦。

根据最近常见的"Angry Management"（愤怒管理）的教程，"正确地发火"是很重要的。这是因为要正确地向对方表达"我为什么生气"和对对方的诉求。的确，如果双方对道歉的标准有偏差，结果会让对方感到惊讶并产生"到底在道歉些什么？""不知道从哪里开始道歉"的想法，此时，便很难通过"致歉"进行顺利的交流了。

我在之前的著作《好的致歉》中讲道：致歉时"首先搞清楚向谁、为什么事情、用什么方式道歉"，这一点非常重要。"原谅"这张牌并不是在致歉方的手中，而是在接受道歉一方的手中。

从这层意思来看，让生气的一方向致歉方说明自己的诉求是最能挽救局面的方法。只有这样才能推动双方把夹杂着愤怒的交流真正进行下去。受害方到底在为什么生气，现在是一个什么状态？致歉方到底在为什么而道歉？只要这些信息能够顺利地相互传递，"愤怒（IKARI）"就能转化为"理解（RIKAI）"。

何为原谅？

在这里，我想就"化干戈为玉帛"展开来讲。前文所提到的理由和因素暂且不论，想要让对方从负面情绪中脱离出来，绝不是靠赔偿就能够做到的。**首先，不可少的是解决精神和感情层面的问题。**

受害方往往会感到悲伤、怨恨、愤怒。那么，面对受害方已经陷入的负面情绪，过错方必须心怀诚意和正义感地应对，尝试着为其带来一些正面情绪。

当自己变成受害一方，站在被道歉的立场上时，产生愤怒的情绪是非常正常的。但是，如果将愤怒的状态一直持续下去，会给身心带来巨大的负担。此时最好不要沉浸在这种负担中无法自拔，不要让它成为你生活的障碍。从混乱的情绪中解放自己至关重要。确实，错的是对方，但是绝不能因此将人生宝贵的时间白白浪费，所以需要早日解决问题。

还未从伤害中复原的时候是很难立刻原谅对方的，在这个阶段花一些时间是可以的。在这之后，如果可以考虑自己今后的事情了，就要开始思考什么时候可以丢掉这种纷乱的情感、心灵的重荷。

自己解放自己，自己主动迈出下一步。这件事不能指望别人来为你做，只能你自己来做。

深呼吸　拍拍手　跨过去

冷静地审视自己愤怒的程度是否合理，自主地对愤怒情绪进行管理也是很重要的。前文也提到过，虽然本书的标题并不是《愤怒管理》，但是为了更好地生活，我们需要学会对其进行适当掌控。

一般认为从愤怒情绪的产生到做出反应的时间大约为五秒，只要能够熬过这个时间，就更容易作出冷静的判断。

当你感到愤怒时，我建议先做一个深呼吸，然后用双手打一轮拍子。不仅是生气的时候，早上睁不开眼睛时，这样做也能够让人稍微清醒一些。我个人觉得这真的是一个不错的调整状态的方法，所以我也一直在做。

另外，平时要进行适当的运动，这可以帮助你化解负面情绪与压力，轻松告别易怒的状态。说法可能有些笼统，但是稍微提前了解一些诸如此类的管理愤怒的方法，有助于避免自己任由愤怒情绪增长，最后反倒变成加害方等情况的出现。

避免因"亲近"引发的悲剧

我每个月都会去监狱授课,这种课被称为"回归适应性教育",我专门负责"刑满释放人员",在所授课程中有一门课程叫作"书写个人史"。这是为了让这些即将刑满释放的人员更好地了解自己,让他们对自己的过去、现在、未来进行采访。在采访的过程中,让他们回顾自己的人生,并对未来的自己进行提问。我所去的监狱里大多数的服刑人员都是初犯,其刑期最少也在十年以上,并且都在矫正机构学习。

我希望能帮助他们客观地看待自己所造成的后果,催促他们自我反省,防止再犯,出狱后踏踏实实地过日子。这是我的期望,也与本书的"致歉"主题吻合。

从他们所写的个人史中,我有了更加深刻的感受。实际上,日本杀人案的受害者将近六成都是被"亲属或关系亲近的人"所伤害。为什么加害人往往是关系亲近的人呢?正如书面意思所述,亲近的人意味着关系很深。有了良好的关系,情感和信任感就更容易加深,正是如此,一旦双方关系破裂,感受到背叛,便愈发怒不可遏。因为亲近就容易执拗,就无法原谅,结果,一旦发生问题,往往就会招致最坏的结果。

不过改变一下视角,如果正是因为原有的情感和信任感而导致如此的愤怒,那么,试着好好地解决问题、加深理解,是不是就有可能让相互间的信赖感更上一层楼呢?

正确的致歉往往能够避免这样的悲剧,这也是我作为一个"致歉大师"而感到非常欣慰的事情。结束刑期前上了我的课的人员,截至目前的重新犯罪率几乎为零，我既为此感到骄傲，又为此深受鼓舞。

"你只欠我一个道歉"

我希望读者们能将我所提倡的"化干戈为玉帛"记在心中。当我们对一些已升级为打官司的冲突追本溯源时，我们总会听到"要是当时给我道歉的话就犯不着闹上法庭了"之类的话语。黎巴嫩影史第一部获得奥斯卡金像奖最佳外语片提名（2018）的电影《羞辱》，其宣传语正是"你欠我一个道歉"。故事发生在黎巴嫩的首都贝鲁特，巴勒斯坦人亚瑟尔是一个从事住宅修缮的建筑工头，黎巴嫩人托尼是一名基督教徒，双方因为公寓阳台的排水问题产生了冲突，该冲突甚至进一步升级成一场席卷全国的大游行。

只有当受害方的"愤怒（IKARI）"变为"理解（RIKAI）"时，才能够说"致歉"成功了。赔偿之类的问题当然可以用金钱来解决，但是在这之前，更重要的还是解决精神、情感层面上的问题。无论何时、无论何地，"悲剧"总是发迹于细小的地方，避免"悲剧"变为"惨剧"所需的能力便是"致歉能力"。

"网络与骄躁"的杀伤力

　　网络世界匿名程度高的特性是网上许多纠纷和事件产生的一大重要原因。与警察查案子的方式相反，在这个世界里的人们，交流并不用透露自己的住址、年龄、职业、真名。一对一的交流如此，论坛里也是如此。今后应该还会有 AI 和机器人加入这个世界，不，说不定它们现在已经身在其中了。现实中，IT 领域里的程序员等已经不需要知道其年龄、性别、住址、国籍等信息了。甚至现在发工资也已经超越国界，可以通过电子货币或虚拟货币进行往来。

　　在网络所构建的新世界里，本人的住址、名字、年龄、国籍已变得可有可无。身为职场人，不用每天都去办公室，当然也不需要固定的桌椅了。没有了早会和体操，不用每天乘坐人满为患的电车，远离东京这样的大都市，回归乡间地头，与家人在一起的时光增加了，从此可以寄身自己所钟情的山水之间尽情享受户外生活，正是网络时代带来了这种可以"自由办公"的环境。这种感觉可以说跟莉莉丝和吉几三在1984年的大热歌曲《俺要去东京》里的歌词正好相反。

虽然会存在时差的问题，但是当下，无论在地球的哪个角落，只要有网络就问题不大。在我曾经工作过的一家公司里，员工们都来自世界各地，不清楚他们具体住在哪里，所以，通知在线会议时间的时候，总会注明"从日本时间的几点到几点"。"只在这个时间段联系"已成为一种惯例。

从"月杀""周杀"到"瞬杀"

在如此便利的网络空间上还是会发生纠纷，这究竟是由怎样的原因导致的呢？综合各种主要原因进行分析后，我觉得其中最大的原因还是"网络与骄躁的相乘效应"。

现在的年轻人可能很难想象曾经没有网络的时代是怎样的，40多年前的电话是有线拨号盘式的，那时候还没有传真机和电脑，所有的信息都是从电视、广播、报纸、杂志、内部传达、电影院、Live House、售票处的传单等渠道获取的。从这些渠道获取的信息首先都是在诸如学校、职场、居酒屋等拥有共同兴趣爱好的朋友聚集的地方传播的，而且往往是热议一时便随即消散。重要的信息必须要通过手写的方式才能记录下来。

如果形容当今时代的速度是"秒杀""瞬杀",那么当时的速度就是"周杀"或者"月杀"了。报纸每日一刊,杂志则是每周一刊,甚至是每月一刊,计划的制定和相关准备都要根据这一周期而来。在那个时代接收信息的一方与提供信息的一方都遵照同一周期而动。

我认为"信息"本身的质量并不可衡量,质量应从其对接收方的重要程度来进行评价。现实中,信息变得越来越唾手可得,在这种情况的推动下,信息本身则变得愈发轻薄。这样确实会带来各种各样的影响。

今天,新闻和信息可以在瞬间被重新编辑,一眨眼的工夫就更新了。只要通过网络稍加搜寻,即使搜索出来的不是官方的记录,也总能寻到些记录。

1981年春,我作为应届毕业生进入吉本兴业,进入公司后的数年间,我都是早上八点半到公司,每天的工作就是浏览各报社出版的所有早报、体育报、晚报,然后将其中有关演艺圈、娱乐圈的内容剪下来。当时报纸的墨本来应是干了的,但是每次剪完报纸的时候,我的鼻尖总是乌黑一圈。

然后,要把剪下来的内容贴在一个剪贴簿上,再把这个剪贴簿拿给公司领导过目。当时的"信息共享"就是这样一种非常原始的模式。

互联网使这种情况发生了翻天覆地的变化。1990年初期的"电脑通信"还是只局限于电脑爱好者的社群当中,但是现在,所有企业和个人都在使用网络发送信息,信息的瞬时共享已经实现。

不过吉本兴业的公关部还保留着剪切报纸的做法,东京版和大阪版的报纸每天还在进行剪贴作业。与在屏幕上阅读网络新闻不同,阅读印刷的纸面新闻自有其背后的理由。

标题的大小和设计会影响阅读内容的选择，同样所刊照片的大小和边框也会对其有所影响。另外，与同一日期其他报社的报道的比较也很重要。网上的新闻基本上都采用简单的排版，其中新闻界面上会将标题进行排列，偶尔会跳转到通讯社的主页，而这里面却并没有什么实质内容。不过也正因为是网络新闻，所以也就无可厚非了。有时候广告的字太小，一不小心就当成新闻点开了。

发布信息变得愈发简单，与以往对发布者的"责任"和"觉悟"的要求相比，变得极为宽松了。另一方面，读者也理所当然地对所见"信息"采取一种不怎么重视的态度。且不论这种情况的好坏，事实就是，当今时代信息发布方和接收信息方都对信息采取了一种漫不经心的态度。

当我们去询问一些发布后发现问题的网络信息产生的原因时，经常会听到这样的声音："这种小事大家都在做，我当时以为没问题。""我以为就只是在公司内发布，所以问题不大。""我以为只要我们自己不说就没人知道。"显得非常不以为意。这就是典型的"只考虑自己"的做法，完全没有考虑过对方和周围人的感受。现如今，这种借口已经行不通了。在事件发生的现场，只要用手机"咔嚓"一拍，轻轻一按上传，就能在新闻媒体的记者到达现场前将新闻瞬时传播到全世界。

前段时间，某电视台在征得网友同意后，将其上传的视频进行了推送，其后证实，该影像为随意复制的海外视频，该民办电视台就这么被假新闻欺骗了。要知道，世间这种不怀好意的人不在少数。发布者背后的心理往往是：中招的对象越大牌、造成的影响越大，越感到快乐。我很理解媒体"想要最新影像"的心情，但是欲速则不达，相反还会招致各种各样的祸端。报纸和杂志也一样，第一时间获得独家新闻后就要摆出一副"快看！大新闻！"的架势，然而，报道的内容必须要让自己先相信，当从别人那里拿来新闻的时候，必须要保持谨慎。当一切都变得唾手可得时，更需要回归这份工作的根本，诚实地面对真相。

现在的街头巷尾都装满了摄像头，从各个角度将一切的一切进行保存。我的私人汽车也装有行车记录仪，初衷是万一发生事故时能够记录下来事实，虽然装它不是为了拍电视节目《世界冲击影像》，但其的确在记录眼前的事件和事故方面发挥着越来越大的作用。2018年9月，日本某前偶像的酒后逃逸行为被拍下便是一个鲜活的例子。

人们认为中国正在朝着信息智能化大步迈进，据说深圳街头的红绿灯上都安装了面部识别系统。今后以大都市为中心的CCTV（Closed-Circuit Television）摄像头的安装将更进一步，其数量将以亿计。当今时代，通过与AI进行联动，面部识别技术进一步提高，诸如车牌号读取的大多数监控技术也在进步，从政府施政的初衷来看当然是好的。国家治理的方法暂且不论，技术的进步确实正在不断地将不可能变为可能。

传播的正面作用

不过网络的传播并不是只有坏的一面。

报纸、杂志、电视等传统媒体在事件发生后都会公布相关报告或解释的官方文章，然而其并不能做到全文刊登。印刷的时候由于空间有限，偶尔会出现由于文章被删减而产生歧义的情况。而现在通过网络，只要将文章进行扫描就能将想要传递的内容完整如实地呈现了。

以前是通过媒体来担保信息的可靠性，在网络社会则是跳过了媒体直接传递信息。由此时长被缩短，真实性增加，其可靠性也超过了传统媒体。

现如今，明星在社交网络平台上公布自己订婚或结婚的消息已司空见惯，某女星甚至在社交网络平台上揭发出轨。以前都是其所属公司向各大媒体同时发送传真，或者向特定的纸媒透露消息让其帮忙妥善处理，现在，由于明星自己就能够轻松成为消息公布的主体，由其发布的消息的真实性也就无可比拟了。这对于企业来说也是一样，不管是免费还是付费，都不用再通过传统媒体向顾客或用户发布消息了，取而代之的是自己来做。

另一方面，传统媒体当然不会写也不能写有损名誉的内容，不过令人遗憾的是，最近的网络媒体上总会流出一些未经核实的随意的采访和表达。错字漏字多也是此类媒体的一个特点。那么将来其究竟是会成长为一家可信可靠的媒体呢，还是留下让人一看就觉得"好有趣的新闻，肯定是假的吧"的印象呢？

很可惜，最近故意捏造谎言的假新闻有增无减，而且变得更加投机取巧，内容通俗易懂且吸引人。这些媒体还会模仿一些可信度高的网站，将信息弄得比真实的新闻更像新闻，然后将其不断传播开来。把这些东西传播给读者之后，自己便躲在背后偷笑，这一类的操作虽然不会直接对传统的媒体造成什么负担，但是打个比方，如果今后无论人们读到什么新闻，第一反应就是：这是广告不是新闻。这必然会降低传统媒体的阅读量。

在这样一个大环境下，如果我们出于好心却分享了假消息，那么我们就是在为谎言和恶意的传播推波助澜。但是，我们没有办法完全切断网络，像《鲁滨逊漂流记》里那样，过上无人岛一般的生活。一旦信息发布，不管其性质如何，都有可能在我们不知道的地方扩散并为我们自身带来恶劣影响。所以不言自明，当我们在发布信息时，必须要先思考这些信息会带来怎样的影响，是否会让人厌恶，给人带来痛苦或悲伤。

为何Youtube"未满13岁禁用"？

这里我想说一点，我希望能够在小学的课程中加入"网络素养"一项。让孩子们趁着小学阶段学习作为一个信息接收者应具备的道德修养，了解违反道德的可怕之处，接下来再学习作为信息发布者的注意事项。在Youtube的使用说明中有这么一条：未满13岁禁止使用。然而，还是有人对其无视并使用父母或哥哥姐姐的账号登录，甚至还有小学生曾上传题为"成功在超市偷东西"的视频。

以下是Youtube网站的使用说明。（来源：Youtube官网）

使用本站的条件

使用者需为20岁以上的成年人，或者使用者已取得了父母或其他有法律效力的监护人的同意，另外，需要就本服务使用条约与本站签订保证协议，使用者须有遵守该协议的资格和能力。本站并不面向未满13岁的儿童。如果您未满13岁请暂停使用。有很多其他适合您的网站，在使用本站前请获得父母的许可。

如上所述，13 岁是一条红线。所以，我希望从阅读和使用的角度针对社交网络等事物展开学习，换言之，这是父母的责任。要让孩子在长大的过程中学习必要的常识、规则、道德，而媒体素养也同样重要。

下面，让我们回到"致歉"的主题上来，试着回忆一些相关的新闻。如果不引以为鉴，甚至幸灾乐祸，那么下一次这种事可能就会轮到你的头上。

热点新闻回顾

2007 年　大牌快餐连锁"Tera 豚井"因视频风波致歉

在该店打工的店员将堆积如山的肉制作盖浇饭的过程进行拍摄后，将视频上传到了社交网络平台。

2011 年 3 月　知名连锁书店店长因不当言论在推特上引起风波

该店长发推文称"终于重新营业啦！电视上全是地震的新闻是不是感到很无趣呢？那么，我们恭候您的光临！"

2013 年 8 月　横卧在超市雪糕上的学生

一名男性顾客进入卖场储存雪糕的冷藏室之后，将其横卧的样子拍下来，发布在了推特上，之后其被要求赔偿损失并被勒令退学。

2013 年 8 月　少年爬上警车拍照

在北海道，两名少年爬上停放着的警车并拍摄照片上传到社交网络平台。两人被以损坏公物罪拘捕。

2013 年 8 月　进入打工地点的冷藏室拍摄

某店员进入冷藏室露脸自拍并发布推文"打工的最后 10 分钟"，引发风波，导致店铺关门，店铺向进行恶作剧的该店员提出索赔。

2013 年 9 月　饺子连锁店因店内的写真照片关门

该店附近牛郎店的 9 名男店员在该店拍摄了写真照，写真照用于该店的日历上，然而日历被发布在该店的 Facebook 主页上后引发了风波。

2013 年 10 月　知名服装连锁店店员被要求下跪，当事人因侮辱罪被捕

嫌疑人因在札幌某服装店购买的商品是瑕疵品而要求店员下跪并拍摄了视频发布到网上，其后强迫店员许诺亲自登门道歉，札幌东署以涉嫌侮辱罪将该犯罪嫌疑人抓捕。

2014 年 12 月　泡面里发现蟑螂

受害大学生将泡面照片发到推特上，制造商当即暂停了所有商品的生产与售卖，2015 年 5 月重启生产与售卖。

2015 年 8 月　"梦之国"的官方推特上发布"A VERY MERRY UNBIRTHDAY TO YOU"引起风波

上传的日期为 8 月 9 日，即长崎原子弹爆炸的日子，因在不了解该背景的情况下上传而引发风波，随后进行了官方致歉。

2016 年 2 月　博客发文"上不了保育园，日本去死！"

虽然毁誉参半，但还是有 2 万多赞同者的声音，安倍首相也在参议院预算委员会上发声"我们有决心让待机儿童（译者注：指需要进入保育园却因设施和人手不足等原因只能在家等待空位的幼儿）的数字减少到零。"

2016 年 7 月　熊本地震时"狮子跑出来"的谣言

最早于地震发生的 4 月 14 日晚在推特上发布，熊本市收到受害申报后将 20 岁男子拘捕，该男子称"只是想要恶作剧一下"。

2016 年 12 月　关东煮戳戳男

爱知县常滑市的某无业男子（28 岁）在便利店反复用手指戳关东煮，该视频被上传到社交网络平台后，该男子以涉嫌威力妨害业务罪被抓捕。

2017 年 1 月　大型运输公司链锯袭击事件

嫌疑人将威胁工作人员的视频上传到了 Youtube 上，该视频在社交网络平台上传播后引起哗然。该男子手持链锯来到配送中心，要求拿到前些日子没有拿到的货物，一边大声叫嚷着"不要小看 Youtube 博主！""老子要让全世界都看到！"，一边挥舞着开动的链锯威胁男性工作人员，该男子以涉嫌违反暴力行为处罚法被抓捕。

2017 年 1 月　原搞笑艺人因整蛊普通路人的视频引发热议

该搞笑艺人因整蛊诸如住院患者、正在就餐的客人、路人等普通人的视频引起舆论哗然。视频内容涉及"在结账前吃店内的商品""在店内擅自吃隔壁桌点的菜""进入素不相识的人的病房看望"。

2017 年 2 月　两名女明星因违反铁道运营法被送检

两名 50 多岁的明星未经许可进入 JR 山阴线，京都府警右京署将二人的案卷材料送交检察厅。二人于 1 月 14 日将线路内拍摄的照片发布在博客上后引发舆论热议，由此引起警方注意。

2017 年 7 月　某六十余岁女明星在 Youtube 上开通同名频道

该女星不断发布视频揭发身为著名演员的前夫，这些视频连日来被电视娱乐节目使用。

2018 年 5 月　红茶饮料的宣传推特被批"侮辱女性"

该饮料的宣传图上出现了类似"以为自己是模特的自命清高女""装萝莉的自恋女""想要停下来的白忙活女"的字眼，因给年轻女性贴负面标签而被舆论批评。之后删除，道歉。

2018年8月 "刚刚好的丑女"护发宣传遭批

宣传视频的推特文案如下："××风不就是刚刚好的丑女吗？变成更加美好的女性的秘密到底是什么？转发本推文后请点开视频。"这句"刚刚好的丑女"引来如潮的批评，有人说："不要以男性视角为基准"，最后以致歉收场。

2018年10月 著名作家因在推特上造谣而道歉

该作家批评某大咖歌手演唱会放鸽子引发粉丝群起抗议，称其信口开河。最后该作家解释自己只是作了个推测并致歉。

2018年10月 越后地区历史最悠久的古刹——国上寺进行"网络炎上供养"（译者注："网络炎上"指遭到网民激烈批判的不当言论，"网络炎上供养"即为这些不当言论诵经念佛予之以救济）

日本建立起第一个"炎上供养专用网站"。

时间进入2019年，知名便利店或餐饮店的店员在店铺内不当行为的视频在网上被频频曝光。企业在向社会和顾客致歉的同时，也对给店铺造成损失的店员进行处分甚至起诉。真心希望这样的事件能够到此为止。

索赔一定是坏事吗？

　　我想说，首先不要断言索赔是一件坏事，你可以从中发现自己公司的弱点来改进自己的工作。每一个公司可能都有自己关于"索赔"的标准，但是在判定是否触及"红线"的微妙期间，如果一开始就用否定的眼光去看待对方的指责，那将会是十分危险的。因为这其中既有性格温和的客人，也有重要客人的声音和意见。

　　确实，接听十几分钟甚至几个小时的充满指责的电话会犹如地狱般的折磨。况且近几年，称得上职业索赔的客户也多了起来。所以，在这个过程中，你有必要认真倾听对方的指责，审视自己公司是否有责任。**轻易地道歉反而会被钻空子，一次没有责任感的说明和致歉则会使问题**

演变成公司或企业的信用问题，如果发生在娱乐圈，则会变成事关艺人职业生涯的生死攸关的大问题。

将索赔分门别类，然后对症下药也是十分必要的。

直接发布在社交网络上引来乘虚而入之徒

2014年12月"泡面里发现蟑螂"的事件中，受害大学生将拍摄的照片发在了推特上，这种行为并不是真正意义上的索赔，而是消费者的控诉。然而可惜的是事件朝着不可控的方向发展，各种相关的不满集中爆发了。没有任何人称这名大学生为索赔方，他只是作为一名消费者进行正当发声。这里的索赔并没有指向事件的源头，而是在社交网络上发酵为一种常态。

这种事件爆发，一定会有人乘虚而入，他们化身为索赔方捏造是非："我也遇到过同样的事情。""我这里还有更过分的呢。"之后，或在网络上散布这些谎言，或混入公司，或打一些骚扰电话，更有甚者专门印一些传单到处散发。这类人中有心怀歹意之徒，有借此释放压力的作乐之徒，有想借机爬到他人头上之徒，也有冥顽不灵之徒、胆小怯懦之徒。

现在这种情况被称为"顾客骚扰（Customer Harrassment）"，这对于企业、团体、商店来说是一个巨大的隐患。特别是最近，来自老年人的索赔不断增多，这种情况被称为"老害"。在日本，生于婴儿潮时代的这批人有的在精神上还比较年轻，其中很多人能说会道，把驳倒年轻店员作为乐趣。还有一些其他的类型，比如对买到的商品不满意，之后索要价值相当于该商品几倍的商品或代金券，或直接索要赔偿费的类型，以及要求对方下跪的类型，索赔方式千奇百怪。

非常抱歉又要旧事重提，我在吉本兴业担任公关工作的时候，一到星期一早上，就会接到各种电话。没错，就是《久米宏的 TV 十字路口》播出的次日。当时与久米宏共同主持的是横山，他在直播中其实经常出岔子。在电视上经常看到他时而酩酊大醉，时而口出狂言，连连使用一些电视禁用词。有时候他还会在节目中途去上厕所，然后干脆不回来。1984 年 11 月的一天，他因为遇上堵车而误机，最终耽误了节目的录制，被炒了鱿鱼。

当时吉本兴业的总部在心斋桥，由女性员工来接听代表电话，必要时再转接到负责人那里。我当时是担任公关工作，要在星期一的上午剪贴星期五、星期六和星期日三天的报纸，所以那个时间段一定是坐在办公桌前的。

那个时候，一般转来分机电话前都会先报打来电话的人的名字和内容，比如"这是谁谁谁打来的电话，这个电话是关于什么什么事。"有时候干脆不报打电话人的名字和内容，只说一声"竹中，接电话！"那个时候打来的电话大部分都是对横山主持的节目的投诉。

接通电话后会听到诸如以下内容："醉成那样就别上电视啦！""真以为电视上什么都能乱说啊？""吉本好好管管旗下的艺人吧！"

那时的我也没有什么人可以商量，于是就根据自己的判断回复："不好意思，如果您看着不舒服，有牢骚，那您可以换换台！""下周起您就别看,去看别的台不就好了。"

现在来看,我应该会因为口出狂言而从公司主动消失,但是当时的我相信"决定电视频道的权力理所当然应该在观众手中",作为一个公关专员,我无法理解那些不知道看什么节目时,随便选了个频道看,然后还处处发表意见的人,于是就脱口而出说了那些话。当时打来电话的观众朋友,我就是那个公关专员,在这里,我想就我失礼的回应向您道歉。

"给您打回去"的作用

时代在变化,以前由总务处或顾客中心处理意见、不满、索赔的时候,由于还有一定的处理时间,所以能够挽救事态,但是突然之间,类似评论或视频被曝光在网上的事例大幅增加。从企业和公司的角度来看,他们却希望有什么意见能够直接反馈到自己这边。但是事实往往并不如你所愿。消息内容越有趣越有利于传播,眨眼间该消息就能被无数人读到。内容是否真实可靠已无关紧要,有趣就好。

尽管此时处境被动的企业会想:"早点直说不行吗?"但发布者在什么时间、什么地点、发布什么内容都是不确定的。如果公司不认清当下这个时代,将网友的投诉指责视为一种找茬儿,结果只会变得糟糕。

"索赔"这个词应该被理解为一种改善要求或权利诉求,你需要认识到对方不只是抱怨、不平、不满、要求致歉或不讲理的言行。急着将其视为一种胁迫可能会使你忽视掉其中包含的一些重要意见。

我在吉本兴业的时候接到过这样的电话:"我之前买了早鸟票,但是实在去不成了，无论如何一定把钱退给我。"让对方等了一会儿后，我回复道："票的背面应该已经注明，是没有办法退款的。"于是对方便气势汹汹地说："老子现在生气是因为老子等了半天，这可是老子打的电话！"

是的，不管是不是对方打来的电话，只要是让对方等了一会儿，如果结果还是没办法退款，对方的怒点就不再是在退款这件事上，而是在要求补偿等待的时间和电话费上。有了这一经验之后，每每遇到这样的电话，我都一定重新打回去。结果没想到这种处理方式对于处理其他一些找茬来电也大有帮助。

之后，一有电话打来说："让你们的负责人出来。"我都会这样回应："稍后会给您回电话，请说一下您的电话号码和名字。"这种找茬的人就会立马挂掉电话。

我有一个朋友曾经担任某电脑杂志的编辑。

有时会有读者打电话对这位朋友抱怨："我明明是照着你们杂志上的说明操作的，可就是不成功。"朋友确认之后发现文章并没有错，但因为读者确实因为没办法顺利操作而深感困扰，所以他还是向读者询问情况，设定可能出现的问题并试着帮他解决。

本来好像只需要说一句"文章并没有错"就可以了，但是由于编辑部有规定：对于读者提出的问题要倾尽全力帮忙解决。所以他经常会打两三个小时的电话来处理这些问题。

虽然这种方式挺占用时间的，但是他解决了问题，本来有些不爽的读者也充满了谢意，还说："以后一定会一直买你们的杂志"，听到这些话后，朋友也会十分开心。

此外，根据这名读者遇到的情况，下次写到同样的内容时，就可以加上相关的注意点，对其他读者也会很有帮助。可见，"投诉"也未尝不是件好事。

很多人憧憬的致歉能力

2018年3月，前作《好的致歉》的译本《致歉的艺术》在中国台湾地区出版，同月在台北的书店开办了讲座。这场讲座当时大约有50人到场，能够听懂日语的只有两三人。在翻译的帮助下，我在现场介绍了该书在日本出版的意义以及收到的反响。后半场，我收到了很多的提问，大多数来听讲座的朋友都已经读过了那本书，所以我们交流的内容也非常具体。

我之前有幸受邀在日本各地讲一些有关致歉的内容，但是这次能够在中国台湾地区交流的机会实属意外，也让我收获颇多。我本以为同是亚洲人，在致歉这件事情上应该相差无几，然而其实差别很大。

有读者告诉我："有时候人们不会轻易地道歉，发生纠纷后，如果道歉，就相当于承认自己不对。因为双方都低不下头，争执就会一直持续、焦灼，关系也继续恶化。然而，这也是没办法的事，因为大家都放不下面子。"

于是我在台上提了这样一个问题：为什么这样一群"不愿致歉的人"会留意到我这个"致歉宝典"呢？之后得到了这样的回答："听说在日本，就算发生了争执，通过致歉表达反省，就能获得理解，甚至是让对方转而站到支持自己的立场上，让双方的关系更上一层楼，为什么会发生这么神奇的事呢？我们很想见识见识与我们所讨厌的致歉方式截然不同的'竹中式致歉'到底是怎样的。"

当发生争执时，美国人会说"Sorry（抱歉）"而不是"I'm Sorry（是我不对）"。这是因为其国民性格争强好胜，如果先致歉会使自己在官司当中处于不利的位置。

那么，是不是日本就有很好的"致歉文化"呢？人都有犯错的时候，在日本，除了一些带有恶意的情况，当你犯了错误时，只要认真总结原因，向给之添了麻烦的人表达自己的反省和不再犯的决心，最后往往都不会闹上法庭，双方还会建立起良好的关系。

原来，我一直作为目标并不断付诸实践的"好的致歉"，在全世界来看都是一种特别且美好的东西，我深感这是一种独特的文化，这样想来，竟有几分庆幸。

我期望朋友们也能够实际地践行这种"好的致歉"，并学着宽容地接受致歉。

在 2018 年 10 月发生的中国台湾地区列车脱轨事故中，在医院召开的记者会上，已住院的列车驾驶员的致歉声明竟然由他的中小学生模样的儿子和女儿代读。驾驶员在声明中提到"向死者及其家属、乘客们表示由衷的歉意""我绝不会逃避、躲起来或是撒谎"，字里行间表现出全力配合调查的姿态。驾驶员的女儿在读完之后深深鞠躬致歉，泣不成声。

读完这个新闻我感到很难受。在日本，致歉记者会只需要当事人露面，其上司和负有管理责任的人员都不用一同出席，有时代理律师可能需要出席，但是在台湾地区竟然让当事人亲属，甚至子女来代读致歉辞。虽说是紧急情况，当事人没有办法下床，需要有人为之代读，但是也没有必要做到这一步吧？或者说非得这样做才称得上是最高层次的致歉吗？我表示无法理解，然而这就是现实。

我所提倡的"好的致歉"与程式化的套路或功利的补偿计算有所不同。首先要明确"致歉"的定义，**致歉是加害方去消除受害方的愤怒之情，心怀诚意和体贴地向对方传达事件背后的关系、原因以及自我反省，使对方情绪能够平复下来的行为**。赔偿有时也是必要的，但是那只能算作是一种"措施"，而无关致歉的实质。致歉总的来说还是属于"心的问题"。

要点是直面受害人及受害人的愤怒。首先要明晰对方生气的原因和来由，向对方表达自己的反省、歉意和防止再犯的措施，取得对方的谅解。如果可能的话，能够与对方构建起更好一层的关系是更理想的结果。要想实现这些，就要尽一切努力，而这一系列的努力就是我所说的"致歉"。

换言之，"致歉"是一种"沟通"，是一种"风险管理"。了解致歉的相关知识，能够帮助你提高与他人的沟通能力，提前规避风险。不用致歉就能解决问题，若能如此是最好不过的。这也是"竹中式好的致歉"所追求的东西。

第二章

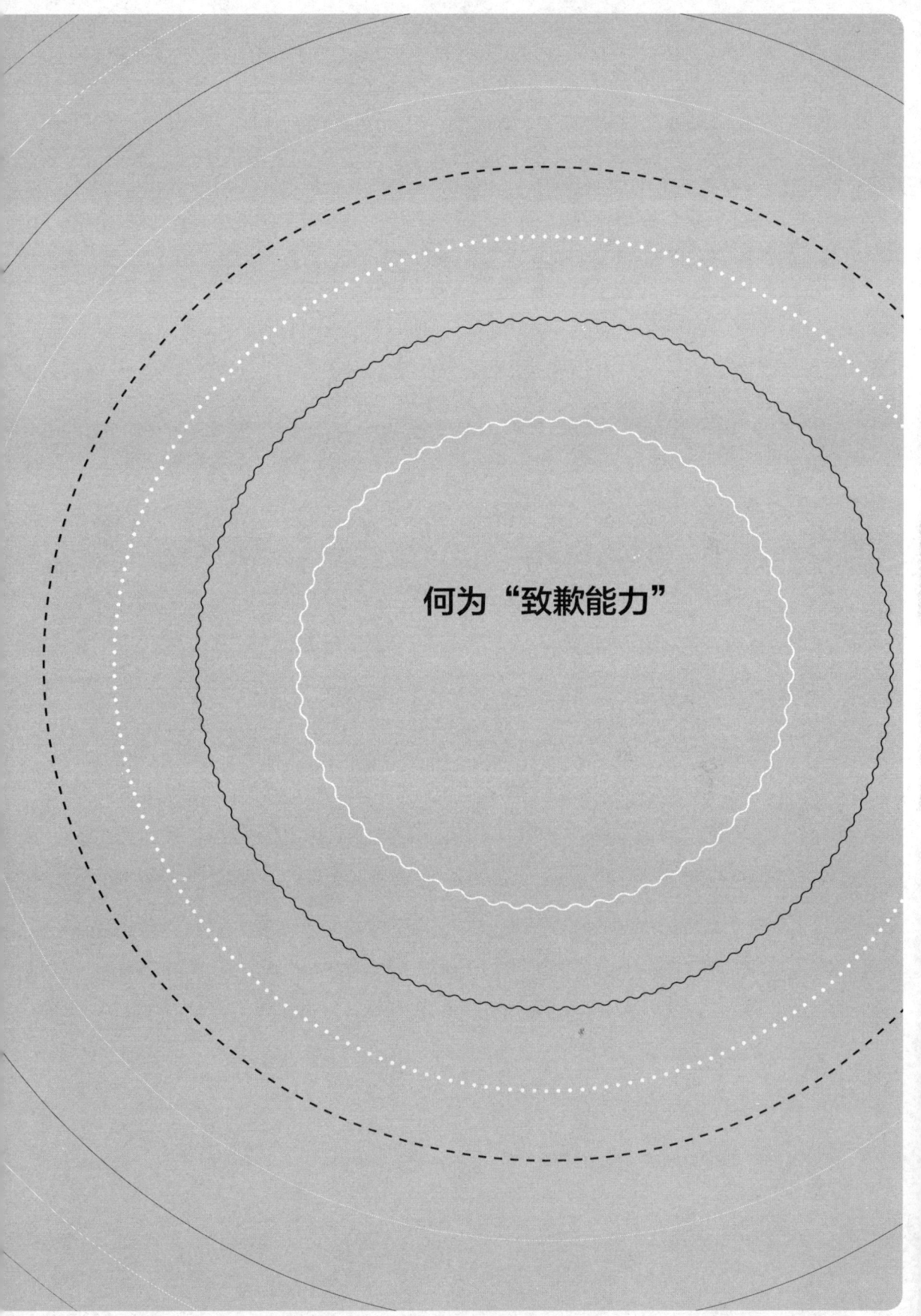

何为"致歉能力"

道歉背后是一颗真心

前些日子某电视台台长跟我说了这么一番话:"数字化发展得越来越快,一些4K、8K的节目里跟'术'字沾边的工作我真是越来越搞不懂了。"

我问道:"台长,您说的'术'应该不是'忍术''魔术'一类的东西吧?"

"我们做'美术'这块的同事总跟我说:'这个地方不砸点钱,观众可是会觉得咱们在布景上偷工减料哦。'做'技术'这块的同事又跟我说:'这个地方不砸点钱,播出的时候可能会出岔子哦。'经常拿这种话来作为威胁,想添置新设备,他们说的到底靠不靠谱啊?"

顺便提一下,这位台长是表演艺术家出身,说他是"算钱"的不如说他才是"需要砸钱的"。

这里我想就"术"这个字展开聊聊。如果想通过"忍术""魔术""妖术"来跳过"致歉"这关，我建议还是断了这个念想。现在如果去伊贺、甲贺旧地（译者注：伊贺、甲贺为日本旧地名，也是日本忍术的两大流派）已经难以找到货真价实的师傅了，况且也没有那个闲工夫去修炼这门功夫。

首先还是认认真真地学学"致歉之术"吧。所谓"术"，就是一种通过不断练习来掌握的特技，也可以说是一种技能、手段或方法。

我在前面的章节中提过："不要把索赔当成一件坏事"，这也正是各种"致歉之术"中的一环。

首先，要做的就是深入挖掘对方愤怒的理由，要了解原因到底是什么，愤怒的内容到底是什么。

然后，要明确自己必须要反省的点到底是什么，接着要让对方知道自己预防再犯的措施是什么，这是"致歉之术"的一环。其实日本战国时代的忍术不只是"武术"，其还包含"情报收集术"和"心理学"的内容。可以说这一点到现在也没有变，需要谈话双方心理层面的互相试探，"良好的沟通"也必不可少，这样一分析好像是有些"术"的味道了。

当然，致歉的时候还有一些必须注意的细节：西装的颜色以及领带的花纹、配色要选比较朴素的；衬衫的扣洞要素色的；鞋子也要留意，尽量避免花哨的款式以及穿脱不方便的系带鞋；女性不要佩戴任何的首饰，也不要穿高跟鞋，最好也不要涂指甲；还有措辞以及说话的音量要注意；

另外，还要提前了解行为举止和所带礼品相关的礼节。

在日本，你还需要根据情况提前练习一下低头的次数和秒数，如果有必要还要练习一下如何正确地下跪致歉：两手放的位置，头是否要贴地，以及要跪多久等。

有时候不只是向对方道歉，必要的时候还要面对诸多媒体召开记者会。在这里需要确认的一点是，此时的致歉并不是为了实际的目的，真正的目的藏在致歉背后。

进行致歉和召开记者会是为了尽可能地回到事件发生前的状况，然而这个时代并没有时光机，已经发生的事情并不会简单地消失或改变。谎言和糊弄并不会奏效，当你以为不会有人知道而缄口不言时，很可能有人在什么地方已经注视到了这一切。

现在，无论发生什么事情，街上的所有人都是摄影师，另外，街道上的建筑和电线杆上都装有摄像头，就算是偶然拍下来的东西也能变成铁证。因此，当人以为能隐瞒得很好时反而会引起几十倍甚至几百倍的反作用，事件会在网上曝光进而掀起惊涛骇浪。

然后，故意隐藏或作弊的人只会给自己招致更多的不幸。

会不会有"道歉机器人"？

这里让我们再次来看看"致歉"所拥有的力量。

所谓"致歉"，是说因某件已经发生的事件、事故而对某人造成了精神、情感层面的伤害，为此而向其展现一种反省的态度，请求其原谅的行为。

那么到底应该以一种怎样的姿态去致歉呢？以怎样的发型？穿什么样的衣服？说些什么？几个人去？要不要手写一封信？带什么礼物？合适的鞠躬的角度和时长是怎样的？要不要进行停职、降职和辞退等处分？

这些过分细致的"致歉之术"可能会变得程式化。有人可能会说，只有先学习了程序化的步骤才能最后悟到真谛，我想那还不如直接造一个"道歉机器人"。

输入事件发生的起因、事件的内容，被害人及其遭受的损失和愤怒的程度，输入之后其立马就会从大数据里调出最合适的致歉方法。

机器人还会帮助致歉方从其衣柜里挑选合适的"致歉搭配"，与点心店也会连线，从各种合适的礼品中挑选一件下单，当然手机里的地图导航 App 也会计算出到致歉会的出行时间并发送通知，致歉辞同样会以信息的形式传过来。AI 技术一天天在进步，将来这些步骤说不定都可以交给机器人了。再往后，说不定也不用通过记者会来向公众表达反省和防止再犯的举措了。然而这一切的前提就是程序化的致歉真的有用。

别人怎样看待你的真心

无论将程式化的东西做到怎样得淋漓尽致，最最重要的还是看低头致歉的那个人的"人间力"，也就是对方怎样看待致歉者内心活动的问题。

如果走流程占八成，真情实感的部分占两成，那么这两成的部分要做的就是将对方的负面情感努力归位到零点。**对方如何评价其致歉的真心是决定胜负的关键。**

我所说的"心的投接球"正是至关重要的部分。

这不是电视剧，现实中因为家人、亲友间的纠纷最后闹上法庭的案件屡见不鲜。

"本年的民事诉讼案中，地区裁判所受理的有 75 万件，简易裁判所受理的有 120 万件。光是地区裁判所受理的以损失赔偿为主的财产相关的普通民事诉讼就有 20 万件，简易裁判所审理的该类案件约 55 万件，此外再加上行政诉讼、人事（离婚）诉讼、小额诉讼、民事调停、特定调停等，每年就有将近 100 万场纷争在裁判所的舞台上上演。你这辈子成为刑事案件的被告的可能性或许不高，然而每个人的一生中总有那么一两次会成为民事纷争的当事人。"（摘自《给胆小鬼的官司入门》文春新书 2012 年刊）

如此看来，在纠纷不断的当下，不用闹上法院，通过致歉来结束争端也不是不可能的。为什么这么说呢？很多民事诉讼主要是围绕财产权产生的纠纷，比如还贷、不动产的转让、围绕交通事故等的损失赔偿等问题。其中与损失赔偿相关的案例数量繁多，而究其源头，很多本来只是一个"有没有道歉""说还是没说"的问题。交通事故的确是一个突发性的事件，而其他案件本来就是熟人、朋友、家里亲戚、有雇用关系等熟人之间的一场纠纷。

如果可以的话，尽量还是要避免升级为官司。在选择打官司之前，"道歉"不失为一条良策，而道歉之前最好能够掌握一些"危机管理之术"。

作为"致歉大师"，我深切地希望大家都能明白这一点。

心中有诚意　身自深鞠躬

尽管如此，最近越来越多的公关公司和IT类企业的经营者都跑来问我："以防万一，您是否能教我们一些致歉会上的技巧呢？"

自认为应对问题的经验不足便心想着要以防万一，这一点是值得肯定的。但是，他们想要了解的竟是"记者会的顺序"一类的东西，还有些诸如怎样介绍媒体、怎样控制会场、记者会的形式之类的技巧。

在"致歉的套路"里，一般都会讲一些致歉时低头的角度之类的内容。为了能够表达自己的歉意，让人不再怀疑自己的诚意，一般都会选择深深地鞠躬。像这样的礼节确实是必不可少的，然而这并不是本质的东西。如果真心地懊悔、反省，决定不再犯这样的错误，真诚地请求对方的谅解，人是会自然而然地深鞠躬而不轻易起身的。

致歉会之前要准备的东西很多，比如向受害人致歉、将防止再犯的措施传达给其他事件相关人等。没有这些东西，就算组织了形式上的致歉会，也不能解决任何问题。相反还会加深众多观众、网友的不信任，使风波进一步升级。

这样说可能显得有些自大，自从我开始在网上关注全国的大小"紧急致歉记者会"以来，我每年至少会参加一次这样的致歉会。在众多号称"致歉专家"的人当中，像我这样有丰富实际经验的人应该不多吧。

练习与自己沟通

我每个月都会作为"回归适应性教育"的授课人去监狱，我的课时为四个小时四节课，所讲的是关于"沟通交流"的内容，每次去讲课的时候，我自己也会学到很多。

我认为日本大多数的犯罪行为都源自"沟通的不足"，这种沟通不足不是指与他人的沟通不足，而是说与自身无法取得沟通，不能在适当的时机踩住刹车。沟通是与他人的"心的投接球"，要根据对方的力量来互相投球接球。由于我们的目标并不是要做得多专业或者要进甲子园（译者注：甲子园为日本最大的棒球场，也是高中棒球联赛决赛的场地），所以也犯不着拼了命地去投掷，只要能够愉快地将游戏持续下去就行了。没错,"沟通"也就是指与对方"疏通交流""心意互通""相互理解"。

不过,在此之前需要做的是自己一个人对着墙壁进行投球练习。自己应该以怎样的速度投球?自己投球的威力如何?是否能够很好地控制自己?这些都要提前与自己进行沟通。

知道自己的力量,不断练习、提升自己,这些都是必修课。在这个过程中慢慢将墙壁替换成对手或朋友,才能逐渐享受到投接球真正的乐趣。

然而,这些进了监狱的人就是"不擅长对墙投接球"的人,于是他们便无法很好地与他人进行投接球。很可惜,无法适应社会的他们就这样触犯法律,犯下罪行,被送进像监狱这样的矫正机构当中。

在迎来刑满释放的大约一个月前,他们要接受各种回归社会的培训,我也是参与培训工作的一员。这类培训称作"刑满释放前指导回归教育"。2017年《犯罪白皮书》中是这样描述像我们所做的这类工作的。

刑满释放前指导

服刑人员在被释放前,原则上需要接受为期两周的授课与指导,内容为其被释放后社会生活中所必需的知识。将回归社会的心理准备(将来的生活计划或理想的人生观、价值观等)、对社会生活的适应(社会面貌的变化、理想的人际关系等)、社会生活各类手续的相关知识(社会保障、相关法律手续等)等内容通过讲演或个别谈话的形式进行讲授。此外，必要时应由惩教机构的人员陪同服刑人员通过外出参观等方式接受指导。另外，惩教机构中还应设有类似"开放宿舍"的开放性居住区域，在此区域内无须严格上锁，为了能够使服刑人员顺利地回归社会，其在被释放前一段时间的主要活动应在该居住区域进行。

特别提一下，我所去的监狱里大多关押的是曾经杀人、抢劫、放火、强奸的凶犯，其中超过一半人的刑期都超过了十年。

这里我想就"犯罪"展开说明一下。

"刑事犯罪"是指刑法等法律所判定的犯罪行为，刑事犯罪案件中，盗窃犯（偷盗、抢夺等）的占比超过七成。其后依次为暴力犯（伤害、强奸、胁迫、恐吓、持凶及暴力行为）、智能犯（贪污、诈骗、伪造、行受贿、滥用职权及渎职）、非法入侵住宅、侵占、妨碍公务、非法拘禁、拐卖、损坏财物、违反公序良俗犯（赌博、强制猥亵、公然猥亵）等。

刑事犯罪以外的犯罪，除了占比八成的道路交通类违法，在特别法违法案件中按照数量顺序，依次为兴奋剂取缔法、轻犯罪法、废弃物处理法、枪刀法、入管法、车辆损害赔偿保障法、大麻取缔法、风俗店经营规范法、保管场所法等。

犯罪动机可以分类为"玩闹""穷困""利欲""冲动""怨恨""报复""被同伙诱惑"等。按顺序来看，恐吓、盗窃、贪污类犯罪的第一大动机为"利欲"，而伤害罪的主要动机的半数为"冲动"，接着是怨恨、报复。

根据2017年《犯罪白皮书》，从被害人与嫌疑人的关系构成比例来看，受害人为嫌疑人亲属的比例，杀人罪为54.3%，伤害罪为23.3%，恐吓罪为1.2%，强奸罪为7.7%，放火罪为28.4%，强制猥亵罪为2.2%，抢劫罪为0.6%，欺诈罪为0.1%，盗窃罪为0.1%。

这其中最令人吃惊的是杀人目标为亲属的比例竟高达54.3%，该年杀人案件的总数为816件，也就是说，谋杀亲人的人数达到了443人。

明明都是认识的人，不仅要伤害对方的尊严，甚至还要给对方的身心造成伤害，这种做法实属不该，然而事实就是，这些数字背后都是实际发生的案件。2016年的单年刑事犯罪案件总数为"战后"首次突破100万件，这只是一个非常笼统的数字，这个总数背后被送交检察厅接受判刑的人则有两万多人。

令人惊讶的是，在一些残忍的犯罪案件发生之后，受害人的家属往往会把加害人的家属等同为加害人。不论现实中有怎样复杂的成因，做了坏事的只是犯罪者本人，其家属理应不用负责任。然而在受害人一方看来，不只是加害人本人，加害人的妻子、孩子连同其他亲属全都是加害人。有一个词叫作"不共戴天"，意思是没有办法在同一片天空下共存，这种憎恨和怨念就这样抛向犯罪者的亲属。令人痛惜的是，不少加害人的家属甚至选择了自杀。

"加害人"所背负的沉重现实

受害人的家属往往能受到来自诸如地方自治团体、各都道府县警察、检察厅等各方的支援，然而到了加害人一方，我能想到的团体只有一个位于仙台旨在支援加害者家属的名为"World Open Heart"的非营利性组织。前文曾提到，加害人的家属往往会被等同于加害人，被迫过上一种痛苦的生活。

然而道理非常明显，加害人的家属并不是加害人，而是受害人。加害人在犯罪的同时也将家属卷入了漩涡，所以其家属也是受害方。

在我的观念里，"任何人都可以改过自新"，因此我总是希望帮助服刑人员做到不再犯罪并一直在为此做出努力。然而我也清楚地知道，现实里所犯的罪也许一辈子都不会被原谅，时间和道歉都无济于事。在这个世界上，总有人背负着"罪与罚"，无法从痛苦中解脱。

不过，本书并不针对这种严重事件的致歉，事态有大有小，我想就日常生活中可能遇到的各类"风险"展开思考。在这里必须要正确地理解加害人和受害人的立场，深入理解事件所造成的损失、困境以及突然带来的痛苦，还要有一种紧迫感，正视两个问题："谁对谁做了什么才导致了这种结果""谁应该向谁致歉"。然而，还是会有怯懦狡猾的人想要找借口蒙混过关逃避问题，但是现实是不可能逃避的，说得可能有些重，但是这样做其实是"逃犯"的行为，如果真这么做，只会把自己逼入绝境。

想必大家都见过某个公司或某个人因为逃避现实，致歉失败而被逼入穷途末路的案例吧？业绩恶化、干事卸任、根据事态大小还有可能断送前途。谁也不希望看到这样的结果。所以要正视自己，与自己对话，努力迈向目标。如果可以做到这些，那么你就是一个有"致歉能力"的人。

帮助解决问题的"致歉能力"

前文写到过"致歉之术"的内容，那一部分更多是一些技巧性、要领性的东西，只要多加练习就能学会。那些内容有记忆的诀窍，与人一同练习就可以逐渐熟练。

那么"致歉能力"到底是个什么东西？

对方心中产生对你的印象需要经过多长的时间呢？所谓"印象"就是一种"留存在心的东西""强烈感受的东西"。决定印象的有眼睛、嘴巴、头、手、身体，是一个整体性的东西。根据美国某大学的研究，你给对方留下印象只需要 0.1 秒，反过来，对方给你留下印象也只需要 0.1 秒。

我想表明的是回一句话、回一个微笑往往都不足 0.1 秒，所以"印象"

这个东西是很重要的。

印象有很多种，比如"智慧""勤奋""顽固""特别""乐观""光鲜""存在感微弱"等。例如吉本兴业的工作是给人们提供欢笑，所以，站在舞台上的艺人要想办法给观众留下"朝气""乐观""有趣"之类的印象。

在监狱担任服刑人员释放前指导回归教育工作的这几年，我学到了一个法院审判的用词，叫作"心证"，我先说明一下。

与"心证"同音的一个词叫作"心象"（译者注："心证"和"心象"在日语中同音），"心象"的意思是自己所经历过的事情"在自己心里留下的深刻印象""无法忘怀的感动"，而"心证"是一个法律用语，是指"法官通过对证据的审查判断所形成的内心确信"，这其实讲的是法官从对方的言行中所得到的印象，相关的用法有"有损心证""损害心证"等。

所以，为了获得好的印象，必须要有一定程度的训练。如果有必要的话，我可以来当老师，提高的技能便是"致歉之术"。

但是，"致歉能力"无法单单通过练习掌握，掌握"致歉能力"必不可少的是OJT（On The Job Trainning），也就是"实战训练"，这是需要通过实际操作才能掌握的职业训练。

提高精神层面的"致歉能力"还需要"累积经验"

更进一步解释，"致歉"可以被理解为一种实现美好结局的工具，而要实际操作则需要一种"能力"，当累积了一定的致歉经验，就能逐渐掌握这种"能力"。

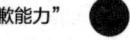

当作"自己的事"来考量

不过,建议别人多积累一些致歉的经验听起来确实有些奇怪。我也只是碰巧可以经历很多这样的事。我在吉本兴业从事公关工作的时候,每年都会至少有一次当着全国网络媒体的面低头致歉,反正就是这么一个常常会陷入风波的公司。

现在回想起来,大多是发生了暴力伤害、饮酒、食物中毒、威胁、金钱纠纷等问题后,为了应对媒体的攻势而召开的记者会。在现场,我会作为主持人与当事人一同低头致歉,同时帮当事人挡住一些犀利的问题并作一些"作为公司来说怎样怎样"之类的回答。

作为一名公关专员,我不会把发生在艺人身上的不好的事当作别人的事,而是将其当作自己的事情,并在此基础上发自内心地进行道歉。这是因为从我们这些工作人员的角度来看,艺人的才能及价值是可以转换为真金白银的,我们做这些事情是出于经济利益,我们是可以因此得到报酬的。

明星艺人与吉本兴业这块招牌之间是一个相辅相成的关系,因此,双方必须荣辱与共、携手向前。

将发生在别人身上的不幸的事情当作自己的事情,需要体察对方的感受:受害人为什么这么生气、悲痛、伤心?需要将自己反省的东西组织成语言在致歉中表达给对方。**这种站在对方的立场看问题的视角也是"致歉能力"的一个重要组成部分。**

读到这里,想必您也已经注意到了,本书所讲的"致歉能力"也好,"致歉之术"也好,绝不仅仅是以企业和团体为对象的。我反复提到的"致歉",

其实是一种实现完美结局目标的"道具"。不仅是在职场当中，当你在学校、家庭、亲戚、朋友、邻居等人际关系中遭遇诸多麻烦时，"致歉能力"和"致歉之术"都是必不可少的。

说到"麻烦"，谁都不希望碰到，谁都希望能够从其中脱身。一旦其发生了，人们就会祈望其不会变成大问题，希望借着道歉的力量将其解决。

这对于企业和团体来说也是完全一样的。万一自己变成事件的主角会发生什么呢？同样是"主角"，自己既有可能是充当坏人的加害者，也有可能是受害者的身份，本书绝不仅是面向加害者一方而写的。

生活中的实例有很多：公司里有上司和下属的纠纷、同事之间的纠纷；家庭里有始于夫妻关系的婆媳、公婿问题；有孩子之间的打架问题，公寓里的噪音和垃圾问题，餐馆和快餐店有店员与顾客的争执，人满为患的电车里的扭打，束手无策的老年人案件……

简而言之，你随时都有可能变成纠纷麻烦的主角。

经验至上，但还要随机应变

相比"逻辑"，我更看重"经验"。

很多时候，我做判断的基础是经验，大多数从别人那里听来或者从书或杂志上看来的东西我都不怎么轻信，只有实际看到了，听到了，尝到了，闻到了，用手摸到了之后，我的五官感知才能变得更加灵敏，我时常迟钝的第六感才能活泛起来，变成我做判断的基础。

我已经记不清这种做法是从什么时候，从哪里形成的了，仔细想想，可能是源自父亲曾给我的教育吧。比起"先好好听父母的话，然后在头脑中仔细思考，并以此为基础形成判断，最后开始行动"的模式，我一直以来都被教育"想到了就马上行动"。所以，我还记得小的时候，我学到"烫"这个词是因为用手碰了热的开水壶。只要不会受很严重的伤，我都被鼓励"亲身去感受"。

什么是"经验论的功利主义"

这与我在进入吉本兴业后学到的东西相类似。

"演艺"这个东西就是指艺人提供"欢笑"，然后，这种"欢笑"能够受到观众（客户）的认可并产生商品价值。漫才师（译者注：相当于日本的对口相声演员）搭档之间可能会说"我为了练功都没睡觉"，然而，在舞台上没有引得观众大笑就没法产生价值。这就叫作"实用主义"，是一种追求现实利益的思维方式。

这其中有一种思维方式叫作"经验论的功利主义"，其追求的是"最大多数的最大幸福"。这里所说的"经验论"实际上不只是个人的经验，还有从客观角度获得的观察与实验。

吉本兴业在全国有多个直营剧场，简单来说，就是一种"贩卖笑声的店铺"。提供欢笑的艺人们会在登台前于后台或舞台一旁寻找观众的"笑点"。

寻找笑点就是揣摩怎样的"梗"能够让观众接得住。后台装有用来观测舞台的音响，通过它能够实时听到舞台上发生了什么，艺人的声音和观众席的笑声都能够洞悉。临近登场的艺人们就边听着这个边揣摩当日观众的笑点。接着换完衣服后，差不多出场前的十五到二十分钟就移动到舞台一侧，听前一组表演者抛出的"梗"。

艺人会仔细观察前一组的艺人用了什么"梗",哪个点被观众接住了,哪个点观众没有接住。就像一流的按摩师会根据客人的反应和自己手指的触感来调整按摩的部位和按摩的轻重一样,艺人也会去揣摩与观众的"共鸣点"。所以,"经验论的功利主义"不仅需要自己的个人经验,还需要观察眼前的现实。

近十年来,"搞笑"变得越来越多元化,发展得越来越迅速,人们的需求也发生了变化。喜剧产业也相应地进化了,作为表演者的艺人愈发受到热捧,很多艺人追求的是名声、快乐、幸福、高收入,从这个角度来看,可以说这种"功利主义"完美契合了演艺圈的生态。

吉本兴业给了艺人们一个正式的擂台,艺人们不分男女老少都能在这个舞台上对等竞争,想必不难理解,这就是一种基于"经验论的功利主义"的活动。

在这个世界里,自己说"我很搞笑"是没用的,只能由他人评价"那个人挺搞笑的"。

一个人可以通过他人的评价来获得业绩,但提高业绩的"实力"是无法通过"搞笑理论"来习得的。

我在这里深入介绍了"经验论的功利主义",是以"艺人们的知识和认识源自经验"为例并作为我们的参考。要学习本书所讲的"危机管理能力"或"致歉能力"也不应单从"理论"入手,而应从丰富的"实例"开始展开学习。

展开"横向思维"

之前提到过艺人相比"理论"更注重"经验",在这里我想多说几句。现在电视上,不只是搞笑艺人之间在比赛,大学教授、偶像明星、运动员、演员都在讲一些有趣的"梗",录制外景时也会用一些"梗"。大家都被统称为"电视明星"并展开竞技,这种情况已变成一种日常。另外,像"花月"等直营的剧场里,艺人们也不太在意前辈后辈之类的关系,而是通过搞笑来一决高下。

其中,艺人最大的一个特征就是他们所持的一种独特的"Lateral Thinking(横向思维)"的思维方式,这与以既定概念为基础展开思考的逻辑性的"Logical Thinking(纵向思维)"相反,"横向思维"强调的是"抛弃固定观念,多角度地、自由地看待问题"。

借助"横向思维",我们不仅能够通过崭新独特的思维方式进行创新,还能将既有的事物通过全新的组合创造出前所未有的点子。像明石家秋刀鱼和DownTown的松本人志等正是很好地运用了"横向思维"才能够在主持节目时显得如此的游刃有余。

"搞笑"的东西之所以好笑,就是因为其打破了一般常识、既有的概念和逻辑方式。可以说,搞笑正是"横向思维"展现其真本领的绝佳对象。

近几年,监狱的释放前指导回归教育中出现了这样的问题。

"四个橘子分给三个人应该怎么分?"

我是这么说的："头脑聪明的人会说：用4除以3肯定除不尽。得出这个答案的人就是理论派。"

然而，向服刑人员提问后他们就轻而易举地分好了。

"每人先分一个，剩的一个给年纪最大的人。"

"将四个橘子榨成果汁再分给所有人。"

"猜拳，谁赢了就多分一个。"

这些都是正确答案，痛痛快快地就分完了。

不是纠缠于4除以3除不除得尽，而是落在"理解"上面。"横向思维"就是如此。若能带入一些趣味当然更好，设定一个目标然后开动脑筋，我建议把分橘子这件事当作"大喜利对决"（译者注："大喜利"为日本一个搞笑节目，对决双方需根据题目想出段子），充满乐趣地来做这个事。

当然从危机管理方面来看，为了提前预测可能会发生的情况，防患于未然，前文也曾提到，不能只依靠自己所听闻的"经验论"，还要客观地观察平日里的变化，将其作为参考。

人们常说："以人为镜，可以明得失。"

我之所以建议大家相对"理论"要更加注重"经验"，是因为人们常常忙于日常的琐事，麻烦发生后也不会重视，只当作是一如既往的情况，当注意到时可能已经于事无补了，我希望大家能够避免这种情况。

规矩虽然是固定的,但是问题的类型却在变得愈发多样化,所以,也必须以相当快的速度来重新提高自己的问题意识。这不是危言耸听,前不久还行得通的方法现在很有可能就行不通了。如果你总认为情况理所当然、一如既往,那么不经意间麻烦就会降临到你的面前。

我并不是说有经验的人就不会遭遇问题,经验重要的是其中包含的内容。经验的数量固然重要,然而,还要重视经验的种类和倾向性。**能够应对环境变化的弹性和实用性非常必要**。这些可以从艺人的"横向思维"能力中进行学习。

纸上得来终觉浅，绝知此事要躬行

危机没有发生之前，有一些我们平常也可以做的工作。

对于危机管理来说非常重要的一环就是制作"危机管理确认表"。用大家比较熟悉的东西来举例，就像贴在咖啡厅、便利店、家庭餐厅的卫生间里的"确认表"，每到一定时间都会有负责人来检查并签字。确认的内容有马桶、垃圾桶、地板、墙壁、厕纸、马桶清洁剂、洗面台、镜子、洗手香皂、纸巾等，发现有什么问题就当场处理，当然确认后签字就是检查完毕的意思。

有脏的地方就要做清扫，厕纸、香皂、消毒液没有了就要补充，通过定期对卫生间的检查就能够确保该场所的清洁，由此将定期的检查可视化，使预防与抑制同时发挥作用。

有一个词叫"店铺力"，意思是人气高、业绩好的店铺所拥有的"魅力"，确保卫生间有满满的清洁感是"店铺力"的一个重要因素。当我去一个又贵又气派的餐厅用餐时，如果对它的卫生间不满意，我不会直接告诉店里的人而是选择不再来这家餐厅。相反，位于日本银座和北新地的不少高级俱乐部会砸数百万日元的重金来将卫生间修得美观气派。听说有的大学因为宣布改装了女性专用的更衣室以及化妆室，报名人数大幅增加。

我所提倡的"致歉训练"就是通过这种要领将各种"危机"排列清点，也就是提前做好准备，在遇到"危机"时能够立刻行动起来。

不能停止思考，你要明白意外难以预见，并做好针对意外的相应计划。平常在日本的企业、团体、学校里主要有以下类型的防灾和避难训练：火灾地震等自然灾害、大规模交通事故、水灾、乘船事故、飞机事故、剧毒物事故、核能发电场灾害等。现在网络攻击、境外危机、恐怖袭击等项目也被列入其中。

请你也试着像前文那样将你自己所在的企业、团体、家庭里可能发生的事情罗列一下吧。

我将这称为"致歉训练"。首先，制作一个"危机管理确认表"，然后针对罗列的各项可能性危机展开训练。我建议就像防灾训练那样多多展开针对危机管理的"致歉训练"。

不要放走"预料之外"的情况

让我们首先从"设定风险"开始。我不喜欢听到"预料之外"这个词，预想这个东西容不得马虎。之前，日本每当发生重大的灾害，总会听到有人说"预料之外"。还有类似"两百年一遇的大灾害"之类的话……听起来就像是在为什么开脱似的，也像是在说很难中的彩票："中了再说呗。"

如果受害者是自己或者自己深爱的家人朋友，那么是否还能用一句"Unlucky！（真倒霉）"糊弄过去呢？不管它是不是两百年一遇的灾难，人类要想的都是预想这个情况并做出应对措施，以此来守护生命和财产不是吗？因为一句"Unlucky"可没法解决阪神大地震和东日本大地震带来的任何问题。

为什么当下会有这么多"预料之外"的事呢？只能说是人们"预想"的能力太过不足。很多人喜欢说"我肯定没事""我们公司肯定没事"，我只能说这样的人和公司都太闲散安逸了。当然，也犯不着杞人忧天，连家门都不敢出。

所以，对于天灾我们必须要有所防备，必须要做充分的预想并且尽全力将大规模人员伤亡的可能性降到零点。

每当日历翻到阪神大地震发生的 1 月 17 日或东日本大地震发生的 3 月 11 日前后，防灾物资就会被哄抢一空，人们也会把自己家里的浴缸和锅里装满水，然而日子一过，人们的这个意识又会变淡。日本每年的9月1日是"防灾日"，然而我觉得一年一次还是太少了。

其实，我所提倡的制作一个危机管理的确认表确实是一个好事，然而，如果做完之后就让它在抽屉里睡大觉是没有任何意义的，必须要灵活运用起来才能称为在做危机管理。

以企业里的资产盘点作为例子。

我充分理解有人认为资产盘算非常麻烦的心情，然而保证和调整固定资产总账的准确性是非常重要的，基于准确的固定资产总账可以算出抵债资产的数额，这也是一种危机管理。为防止丢失或被盗等意外事故而进行的安全性确认以及资产保全行为很有作用，万一有意外事故发生也更容易进行跟踪调查，这么来看，一年还是得做一两次。

做完这些总算稍微感到轻松一些了。我希望大家能够至少按照这个频率，每年做一到两次，对公司、团体、家庭里的危机管理确认表进行检查确认。这个过程中，你可能会发现一些新的危机类型，当留意到其他公司的一些事例时，也可以添加到自己公司的确认表上，解决实际问题时的经验也可以将其书面化。

您可以在本书第六章体验这种应对各种类型危机的练习。

读完以上内容不知道您有怎样的感受？我们从"致歉"这个关键词切入，通过多种视角了解了愤怒、原谅、纠纷产生的原因，以及应对方法等相关的内容，并在此基础上拓宽了视野，加深了思考。

也许您之前从未从这样多面的视角来考虑致歉这个问题，在阅读的过程中，您的"致歉能力"也不知不觉得到了提升。从下一章开始就是实例篇的内容了，我希望您在阅读的过程中能够把自己想象成事件的当事人，这将有利于您的"经验"的累积。

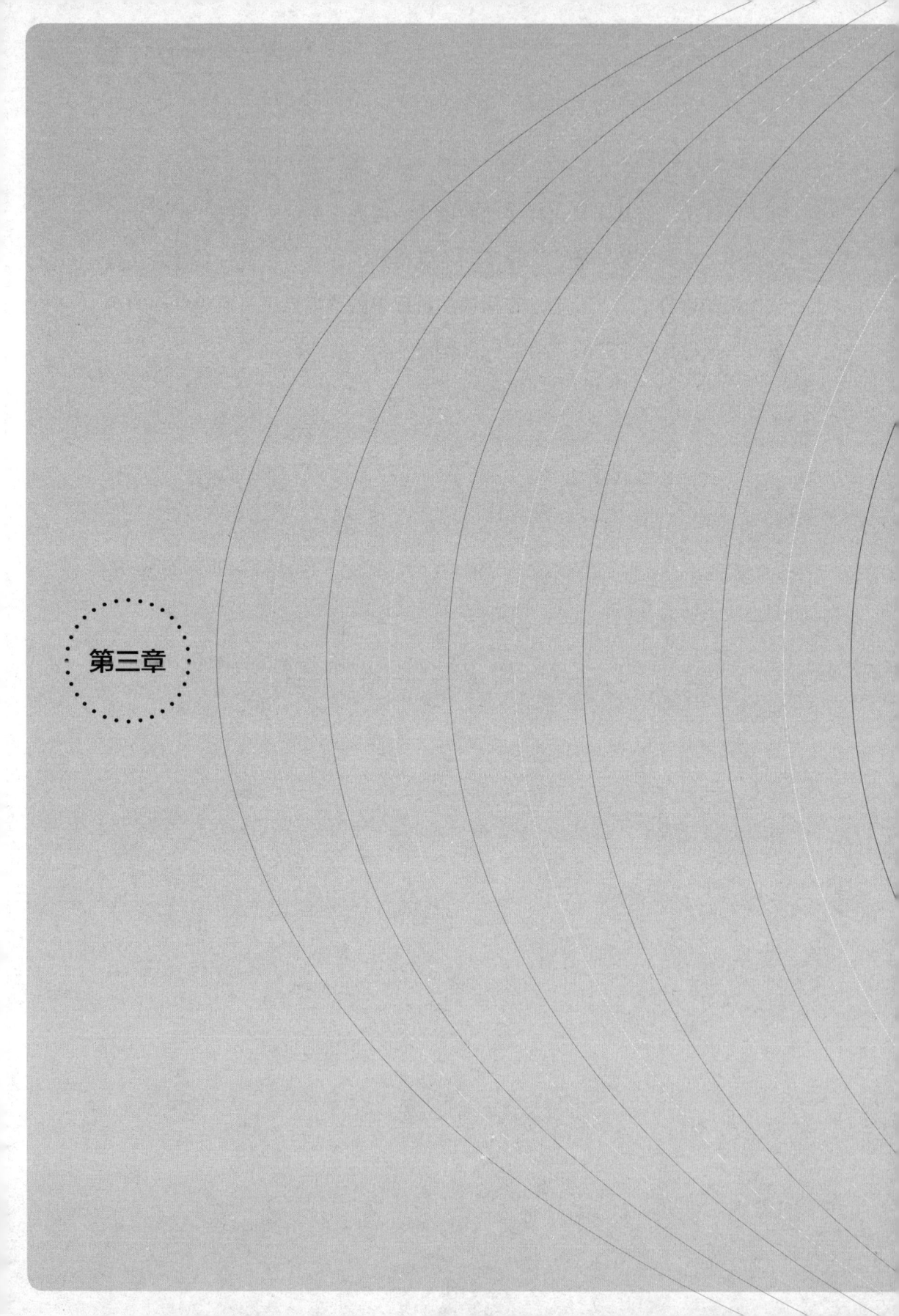

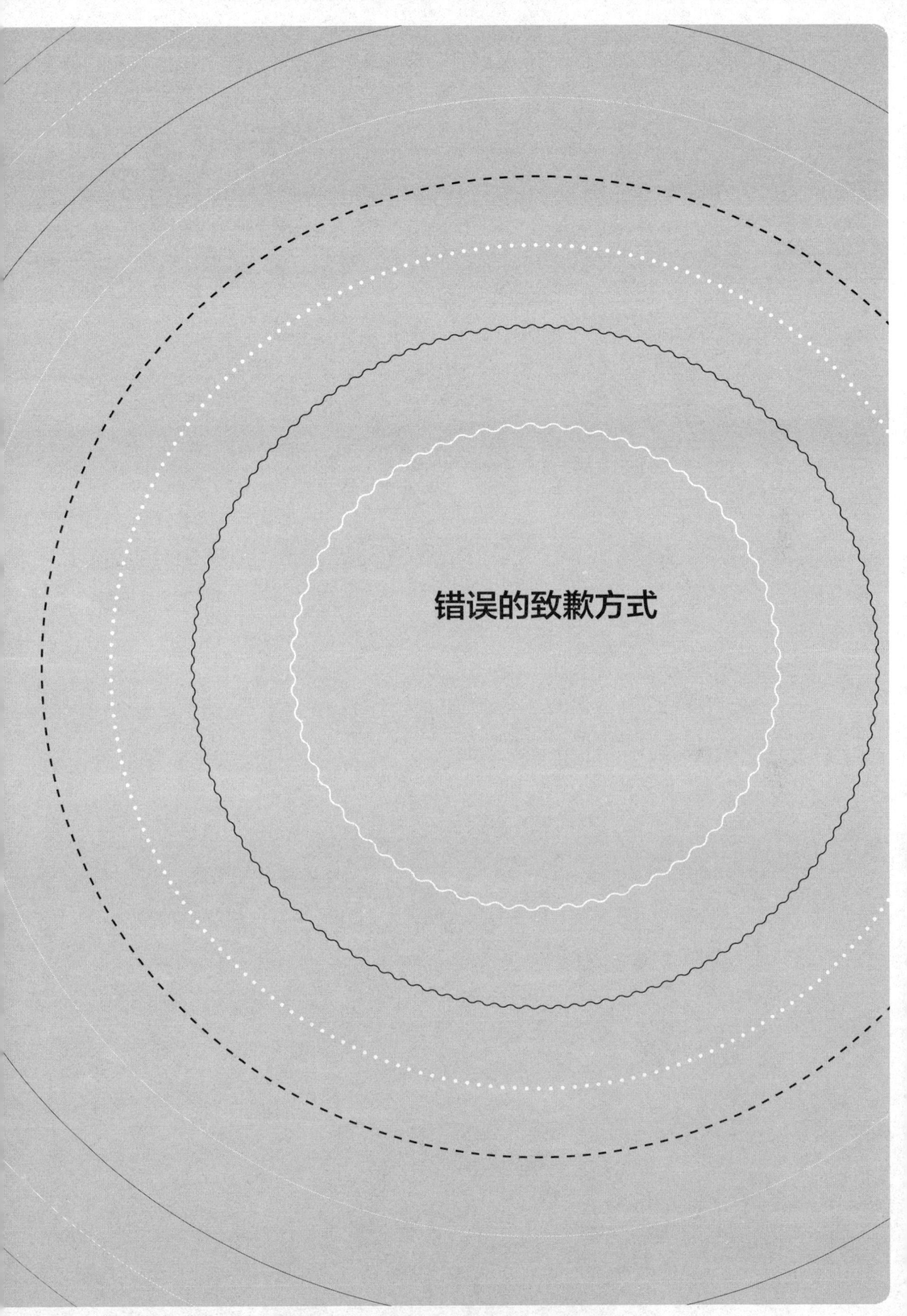
错误的致歉方式

深入分析"大学橄榄球违规截球事件"

在本节,我将以关东强校 A 大学和关西强校 B 大学之间发生的"大学橄榄球违规截球事件"作为案例,通过分析事件当中的"两场记者会"等内容,来探讨致歉当中应该注意的要点。

2018 年 5 月 6 日,东京调布市在竞技场举行了一场橄榄球定期赛,对战双方是来自关东的强校 A 大学和来自关西的强校 B 大学,B 大学的四分卫(QB)队员已传球结束,裁判也已经吹哨,然而 A 大学的防守队员却从 B 大学这名毫无防备的队员背后进行了激烈地擒抱(Tackle),使得 B 大学的该队员狠狠地摔倒在地,其伤势经过三周才得以痊愈。

A 大学的该队员当日记满 3 次个人犯规被罚下场,最终 B 大学以 21

比 14 的比分获胜。

做了危险擒抱动作的 A 大学队员曾被选为 U-19（19 岁以下）日本代表，在 2017 年的全日本大学冠军赛决赛中全程都表现出对比赛规则的尊重。

之后，A 大学该名队员召开了有关致歉和退出橄榄球队的记者会，次日由 A 大学的领队、教练召开记者会，之后 B 大学又召开记者会，此事成为将当事人以外的家长和大学相关人员都卷入其中的大事件。

这件事由一名观众拍摄的视频发酵，结果谁都摇身一变成为摄影师。这里说"如果"可能不太合适，但是我还是想说，如果没有这个视频，事件的走向可能就大不相同了，说不定就被当成一场学生之间的普通比赛而草草收场。这个视频给一成不变的业余体育运动的生态做了一次大外科手术。

正如《巨人之星》《柔道一直线》《明日之丈》等日本漫画中描写的那样，教练和前辈往往掌握着绝对权力，队员们所追求的只有正式队员的身份以及比赛的胜利，而这一生态一直到平成年代快要结束时才开始发生变化，等了将近 30 年。

教练们确实都是昭和年间出生的，他们的体育生涯中都讲究一个"要强"。因为自己都曾在训练中流过血，所以，他们可能就会觉得，只有流过血才能获得胜利。

在我看来，虽然体育规则并没有发生什么巨大的变化，但是，人们面对体育的精神状态已经发生了巨大的变化。

目标没有变化，还是"胜利"，但是应该怎样去赢得胜利呢？这个问题并不是在针对一场具体的比赛，而是要把日常的训练等一系列的活动放在一起来把握，既不能受伤又要保持紧张，要有一个自己面对体育的态度并每天做出努力，要能够享受这个过程。这里有一个重要且根本的问题，那就是作为个人，应该对体育有一个什么样的态度。

需要有"共感能力"

据我观察，这名加害者队员与当时的教练之间并没有取得"共感"。他们想通过橄榄球实现的东西并不相通。有人可能会说："不是胜利至上吗？"然而，重要的是他们实现的方式不同。这里讲到的"无法取得共感"其实就是"价值观的差异"，是当今时代需要从根本上重新认识的东西。

这里不能单单用一句"沟通不足"来总结，如果上司片面地采用这种说法，那其实就是"不听命令""不照着指示做"的意思。这一类的上司或领导会按照这个思路思考，并得出"沟通能力不足"的结论。这是一种"与我不相近就不予以认同"的逻辑。

"沟通"的基础是平等。当然，因为位置和角色的不同，沟通最后可能会变成一种命令的形式，在这里，"理解"就显得至关重要。绝不能以"强制"来摆大架子，只有通过沟通才能保持"精神上的平衡"，这也就是为什么我把"沟通"称为"心的投接球"。在沟通当中互相理解的共感能力必不可少。

A大学的这名队员就是在没有与教练取得共感的情况下，硬生生地将自己改造成了一台"杀人机器"。证据就是在三次犯规被罚下场之后，其受不了良心的谴责，在棚子里掉下了眼泪。这正是他重新唤醒在他身体里沉睡的良心的表现。

不过，这个20岁的男孩子因为无法充分理解教练的话而将自身改造，其心里想必也是十分纠结的吧。这里我并不想讲他的理解方式出了什么岔子，令人揪心的是，这个男孩之后认清了事实并做出了反省，最后只得自己只身一人出现在记者会上。我为他的勇气而热泪盈眶，看到他吐露心声："自己开始讨厌曾经最爱的橄榄球"，我作为一个大人，作为父母，心中感到了无限的酸楚。

我的这种感觉从何而来呢？在看记者会时，有那么一瞬，我站到了这个队员的立场上去体会他的感受，去观察其家人和队友的感受。无论在什么地方，我们都要学着去体察对方的感受。

听他人说话的时候能够一边倾听一边体会自己的接收方式，如果同时试着站在说话者的角度，就能够感受他到底是在怎样组织语言。这就是在体察对方的感受。

自己会这样说吗？如果是自己的话会选用这种措辞吗？在像这样寻找"共感"的过程中，你的心中就会产生理解接受或是反对的感受。而这种感觉就可以称作"共感能力"。这种"投入感情"的"共感能力"能够加速改善沟通。

前面提到过一种可以瞬间感知对方的方法，那就是观察对方的举止。通过观察服装、发型、站姿、坐姿、目光、嘴角、头部、姿势，以及身体的朝向等产生对对方的印象。打印象分虽然是一种非常自由的个人行为，但是也未尝不可。在这其中是否植入个人感情，其实也是个人的自由，印象是否正确也没有一个标准答案。

我认为在比拼体能、智慧与毅力的世界里，比耐力的时代已经降下了帷幕，在今后的时代里，人们面对体育将愈发看重智力、体力，以及作为人的"道德之力"。懂得"理解"与"共感"的强力选手和强力队伍正在或即将登上舞台。

存在"价值观的差异"以及"不同年代不同文化的差异"都是理所当然的，那么带着这些差异我们来一起分析一下两场记者会的内容。

不同的价值观与两场记者会

在这场大学橄榄球风波中,一个"危险截球"的画面被拍下来后被公之于众。这段视频始于社交网络平台,之后迅速被日本各大电视节目争相报道,报纸和杂志也加入其中。

"球队的教练、大学的校长,还有做了危险拦截的队员在做什么?要怎么道歉?"众多人都在期待着一场"加害者 VS 受害者"的大戏。很多媒体开始将这个事件作为话题内容持续跟进。

"谁、什么时候、在什么地方、怎样道歉?"

然而,真正重要的是记者会这件事吗?大众都期待着通过媒体看到一个低头道歉的形象,可对于当事人来说,这并不是最终的目标。人们只想等着看到位高权重的人或者名人被记者围住拷问，交困之中眼含泪水低头道歉的样子。不，说不定还期待着看见提问的记者被回怼，最后闹到记者会鸡飞狗跳无法开下去的样子。

不管怎样，记者会够戏剧化才能有高收视率，报纸和周刊的销量才能上去，人们才会有茶余饭后的谈资。怎么感觉大家只是在"看热闹"呢？这说不定只是江户时代"枭首示众"的一种延续。有必要对着别人的不幸评头论足吗？我想说这不是必要不必要的问题，而是人们已经忘却了最后的目标应该是"理解"和"解决"。

现在让我们再一次回顾事件，确认一下问题源自何处，为何会发生，结果变成怎样了，谁需要向谁致歉，对之后要达成的目标是怎样设想的。

要注意一点，不是本来就要有记者会，而是发现原有的问题并试着改善问题、解决问题的过程中有了"致歉"这么一步。

重溯事情的原委

所拍下的视频里"危险拦截"的内容是不可否认的，其通过社交网络扩散开来，一举引发全社会关注。B大学的指导员也说："如果是以前，一般也不会被人看见，最后双方抬抬杠就过去了。"可是时代已经变了。现在为了防止裁判的错判，像棒球、相扑、柔道、网球、足球等比赛都采用了"视频判定"，业余拍摄的视频也同样能够记录真实的赛况。

这场比赛之后，体育厅的铃木大地长官在定期记者会上称"这是一个非常危险的拦截动作"，并表示要继续求得相关事实说明，他还说道："我们将深究背后的原因，塑造一个放心、安全的体育环境十分重要。"

关东学生运动联盟也做出了暂时禁止该队员在外比赛的决定，A大学的指导人员也受到了严重警告。

比赛结束10天后，B大学公开了A大学发来的答复内容，A大学在答复中进行了如下说明："关于恶意拦截这件事情，教练确实做了基于规则的严格要求，然而队员的行为却偏离了教练的要求。"文中还写道："绝对没有教队员故意引导这种暴力行为。"B大学的教练对此提出了如下疑问："为什么在比赛开始后没有指导？""为什么去年还好好遵守规则的队员突然会故意做出如此恶劣的举动？"另外，B大学的教练还表示，对于答复中没有对受伤队员及其家长进行直接道歉感到遗憾，称"这不是我们现在所希望得到的有诚意的回答"。

数日之后，A大学的领队公开辞任并深鞠躬致歉，在其间多次重复道："我没有怨言，这一连串的问题都是我的责任，真的十分抱歉！"

犯规事件发生后两周，也就是5月22日，A大学该队员在东京都内召开了记者会，说明当时的犯规动作是受到A大学前领队和前教练的指示后做出的，该选手还做出了道歉："对于造成如此大的伤害我表示深深的反省。"召开记者会的前一天，A大学已经向各大媒体发出了通知，由于召开的时间是在当日的下午，所以一些娱乐新闻对此进行了直播，当然这也是各种媒体的记者们有空来采访的时间段，所以，在次日的纸媒上还出现了A大学该队员陈述的全部内容。

在有代理人律师陪同的记者会上，A大学该队员表示，由于自己在训练中表现不佳，所以，从5月6日正式比赛的前三天开始自己就被暂停训练，正式比赛前两天开始，前教练就提出要将自己从世界大学冠军赛的日本代表中除名，这给自己造成了很大的精神压力。另外，该队员还证实，在比赛开始前一天，前教练跑过来给自己转达领队的意思："如果能够在第一场比赛中击垮对方的四分卫就可以参加冠军赛。"此外，其还被要求向前领队主动请缨对付对方的四分卫，在比赛的当天，其还被前领队叮嘱："必须这么做。"

A大学的该队员表示自己理解的意思"并不是要抱着击垮对方的决心战斗，而是要把对方弄伤"。在11日其与父母共同面会前领队和教练时，其父曾要求公开教练指示的内容却遭到拒绝。18日该选手公开表示已经见过受害人选手及其父母并当面致歉，其还表示，由于A大学的反应太慢，自己决定单独召开记者会。

5月23日，A大学前领队和教练在位于东京都的A大学本部召开记者会，否认了"危险拦截指示"的内容，然而，发出召开记者会的通知的时间是在晚上七点，正式开始时间却是在一个小时后，也就是八点。在这个时间段，电视台已经结束了晚间新闻的素材收集，正在做收尾工作中的编辑这一步，报纸的记者们在这个时间段也差不多都在为次日的早报做准备。可能他们也提前考虑过这样一个时间段召开记者会也算不上什么突发性事件，也应该可以很好地控制现场。

A大学前领队和前教练身着灰色西装现身记者会，首先向B大学的队员和相关人士致歉："对于给受伤的队员及其家长、B大学的各位带来这样的伤害，我们感到十分地抱歉，给热爱橄榄球的朋友们带来这样负面的影响我们也有不可推卸的责任。"另外，对于A大学的当事人队员也表示:"非常抱歉,深刻反省。"之后深鞠躬了约10秒,关于加害方队员前途的问题,其表示:"还是可以作为队员继续活跃在球场上,虽然是我们的责任,但还是希望这名队员能够归队。"

在记者会上,记者们不断追问对于A大学当事人队员那番说明的解释,该队员曾说明自己的犯规行为是受到了前领队和前教练的指示,然而,前领队对此表示否定:"我没有做出过让他做擒抱动作的指示。"关于该队员主动请缨对付对方四分卫队员时,前领队曾回应说"必须这么做"一事,该领队也表示"我没有这么说过",并称:"遵守规则是原则性的,我也没预料到会发生这种事情。"

另一边,前教练承认自己确实下过"击垮对方四分卫"的指示,然而"并没有想过要去把对方弄伤"。"自己的意思是要带着这个觉悟去打比赛。"此外,其对于"把B大学的队员弄伤后有利于秋季比赛"的发言的指控也矢口否认。不过,对于A大学当事人选手的犯规行为,其承认"是一种过激的行为",并作出以下反省:"我当时只想着把领队的意思传达给队员,但是由于我表达的问题让队员形成了误解。"

这场记者会上还有一个人引起了大家的关注,那就是A大学公关部门的主持人。在记者会的最后他说道:"由于全是些一样的问题,记者会到此结束。"记者们对此表示抗议,场面一度混乱,有记者说:"大家都在看着这场记者会呢!"这名主持人答道:"不管在看还是没在看,老是提一样的问题,我们会觉得很麻烦。"还有记者说:"您这种发言可能会给日本大学这块招牌抹黑。"其回答:"怎么会?请不要扯这些无关的话题。"

看着这名主持人的回应方式,坐在长桌前的前领队露出一副欲言又止的表情。

我在上一本书中写过记者会上主持人的重要性。确实当事人是大学的人,但是不要忘了主持人是记者会现场与正在关注该记者会的观众和读者们之间的一座桥梁。特别是在致歉类型的记者会上的主持人,不应该是从别的地方雇来的专业主持人,而应该提前找好一个平常都在与媒体打交道的人来当主持人。从这个意义上来说,"公关负责人"必须是一个名嘴。

立刻道歉

大家是怎么评价这两场记者会的呢?

仔细观察后你会发现,每个人都没有非常明显的说谎痕迹,这也并不是非得查明"说还是没说"的事件。问题的根本不是"找到说谎者",而是人们之间没有取得很好的沟通。真正的意思没有得到有效传达,所以,可以说各方之间的沟通糟糕透顶。

"击垮四分卫!"

这句话到底要怎么理解呢?

前领队所说的"击垮"在当事人队员看来是什么意思呢?是要有那种击倒对方的"气势"呢,还是实际地将对方弄倒弄伤呢?问题在于在短时间内，队员对于"堂堂正正比赛"和"弄伤对方"两个选项的感觉与抉择。非常可惜，据我所知在现实中不管是专业选手还是业余选手都有选择"Rough Play（粗暴行为）"这个中间选项的情况。

不要忘了，从结果上来说，A大学的这名队员确实做出了卑劣的举动，然后，由于运动场上这个违背体育道德的举动，他现场收到了被罚下场的处分，我认为作为带队人的领队和教练在看到队员受到惩罚后，最好是当场做出道歉。

现在说虽然为时已晚，但是**当意外事故发生的时候，必须应该先确认对方的身体是否有大碍，然后，当即把握事态做出反省和道歉。**如果在比赛的当天就能做到这些，那么这个事件是不是也就不会发展到这一步了呢？

确定共同的目标

确定共同的目标有助于将对方从负面情绪中拉出来。在这一步，找到双方的"契合点"至关重要。如果只是一方找到了依然是无法达到目标的。而一旦双方在目标上达成一致，那么就能够共同处理眼前的问题。这里要做的不是互相试探，而是各自试着站在对方的立场上去思考如何致歉，如何接受致歉，如何原谅等问题。

关于事件报道的记者会总是最最受到关注的，有些场景甚至让人摸不清这到底是新闻还是喜剧。虽然形式是新闻报道，但是内容上来说，人们总是期望其能够博取一定的收视率，从某种意义上来说，期望收视率的提高也是一种无奈之举。

服装、发型、鞠躬的角度和时长，还有致歉辞。"这里哭得再凶一点""这里多表现出哽咽的感觉""这里要呛回去"……电视工作者的"脑内小剧场"此时就会拉开帷幕。另外，我曾收到的电视台发来的调查问卷中有"给这场记者会打个分"之类的内容，这也是只为了提高收视率吧。

当事人为实现致歉的最终目的在现实生活中所做出的努力往往不会吸引媒体的镜头，只有"致歉"这一个单一的画面会被电视还有纸媒大肆报道。结果就是，与致歉真正目的相关的内容，即造成麻烦的人向遭遇不幸的人祈求并得到原谅被模糊化处理了。不过，对于看电视和报纸的人来说，报道有没有达到真正目的其实无关紧要。

我认为要想找到双方的"契合点"，就需要双方能够熟练地"投接球"，看到这里的读者朋友们想必都已经知道需要做些什么了。

首先，加害者需要深刻意识到问题出在哪里并作出深刻反省，然后，需要说明自己避免问题再次发生的全盘举措。另一边，受害方也要自己思考自己生气的点在哪里，对方怎样道歉可以获得自己的理解。为此，必须要明确自己到底是因为什么生气，相反，如果一直放任自己的怒火，不选择原谅，时间长了事情就会变得愈发棘手。

从设定"宏观概念"入手

首先必须要设定"目标"，与此同时，设定的方式十分重要。

说到设定的方式，就要试着从宏观概念的设定入手。

比如面对这样一个问题："明天要怎样度过？"用夸张的例子来说，"我希望地球和平，我希望明天的自己能够躲过外星人的威胁"就是一个宏观概念，而微观概念的回答就会是"想要吃美味的亲子饭"这样具体的东西。

试着熟练地运用这两个概念。以橄榄球恶意犯规事件为例，就要将具体的目标罗列出来，然后，把为了实现目标要依次做的事情排序，再和大家一同交流一下。补充一句，这里的"目标"最好是一个"Happy Ending（美满结局）"。

这个事件发生以后，我上了久米宏的电台和北野武的电视节目，并有机会在节目中提到了这个事件，由于我非常想讲一些内容，所以就提前跟两个节目的制作人进行了沟通，下面就是我个人所设的"目标"：

"关于这个事件我自己也设定了目标，为了实现这个目标，就要从今天开始把该做的事情一个个解决掉。这个目标就是'让两校能够来一场堂堂正正的较量'。在这场比赛中，球场会坐满两校的毕业生以及橄榄球迷，两校的队员能够肆无忌惮地对撞对方。现在政府和民间都在设定这样的宏观概念，大家都设定了短期或中期的计划并朝着自己的目标迈进。"

设定能让大家共享的"宏观概念"就是在"设定目标"，而为了实现目标所必需的行动步骤就可以称作"微观概念"，这就是一种朝着目标将手中的事情一件一件地解决的思路。

另外，朝着目标推进的过程中必须要有相应的"脚本"，对于企业来说，就是要有一个"事业计划书"，里面要具体写进各个步骤内容以及完成的期限，要一边推进工作，一边对其进行确认。

根据情况，受害者可能会单方面地陷入负面情绪，其愤怒的内容有很多：言语或态度的暴力，实际受到的身体方面的伤痛，财物的损失，精神上的恼怒、怨恨、懊悔、悲痛等。加害者和被害者虽然各自的立场有所差异，但是都应当向着同样的目标（契合点）去努力。

其实具体的方法在这本书中也有写到，其适用于经济行为或夫妻问题等多种情况，请读者朋友一定好好掌握。

那么接下来我们终于要进入实战的部分了。

【实战】你会怎么做？试着设计致歉方案

事例1　大学橄榄球违规截球事件

从这里开始的内容将更加偏实践性一些，还是以大学橄榄球犯规截球事件为例子，请读者朋友们一边设想自己是责任人，一边阅读下面的内容，思考自己应该怎么办，掌握真实情况和致歉方案的相关要点。

在这个事件中，"加害者一方的两场记者会"受到了广泛关注。本来记者会应该由负有责任的组织也就是该大学校方来举行，但是由于校方的应对不力，最后变成了两场具有对比性的记者会。其中一场是直接由因恶意擒抱导致对方受伤的队员所召开的记者会，另一场是次日由领队和教练召开的记者会。

这两场记者会到底是"好的致歉记者会"还是"坏的致歉记者会"呢？队员所召开的那场记者会本身确实是"好的记者会"，然而，它却是"本不应该召开的记者会"。这里不是说该队员应该选择闭嘴，而是说，事件刚发生的时候，犯规的队员本身表示了对自己犯规行为的悔过，以及想要向受伤队员致歉的意向，他之所以会选择独自召开记者会，是因为其恼于无法获得一个致歉和发言的机会。这场记者会的失败正在于将这名选手强行逼入了这个境地。

成功致歉六步骤

那么，如果你被委托为该大学的"危机管理责任人"来解决这个事件，你需要做些什么呢？

向受害人致歉、把握事件联系、处罚加害人、准备记者会……这些都是正确答案，以上列举的每一项都需要去做。

你需要在短时间内将上面的事项完成，为此，你需要首先组建一个"致歉小组"，最理想的状态是选任一些平日里靠得住的人，但是在这里要做好无法达成这种条件的准备。

除了作为危机管理责任人，还需要一些什么样的人？

- 能够代表校方作判断和决定的总责任人
- 作为对外窗口的公关人员

- 协调校内关系的总务人员
- 处理法律问题的律师
- 了解橄榄球队内部状况的相关人员

  这些都是一些备选项，在向有关人员获取情况时，如果人手不足可以适当增员，但是如果一味地扩充则不利于队伍的精简化，应该以少数精锐人员为核心，确定适当的人数。

  接下来就是重要的操作的顺序。也就是我从实践中总结的"成功致歉的6个步骤"。

1. 确认是否造成生命和身体伤害；
2. 按照时间顺序整理事件的来龙去脉，完整地把握事件；
3. 设定"目标"并制作"致歉方案"；
4. 查明原因，总结防止再犯的举措；
5. 向直接受害人致歉；
6. 必要的时候对外公布。

  那么，针对大学橄榄球违规截球事件，具体应该怎么做呢？

  1. 在确认被擒抱选手受重伤的情况后就进入预备阶段，此时需要前去看望。

  2. 向该橄榄球队的领队、教练、加害人队员，以及其他队员了解详细情况，确认领队和教练所做指示的真实情况，还要确认队员听从指示后做出违规拦截的具体情况，准确地总结事件发生的过程和细节。

3. 在把握事实的基础上，让事件相关人清楚地认识自己的责任，同时向对方致歉。设定本事件的"目标"，写好到记者会这步的"方案"并与相关人员共享。

4. 对应负责任的领队和教练予以处分，给予加害者队员暂停参赛等处分，同时将改革训练体制作为防止再犯举措的一环。

5. 让领队、教练和加害者队员向受伤队员及其大学直接道歉。

6. 以学校的名义召开记者会，通过媒体就事件内容予以说明，并公布对相关人员的处分和防止再犯举措，以及已经直接致歉的情况。

这是我的一个处理事件的步骤，因为在这样的事态中自净作用十分重要，所以，主体应该是大学而不是某某协会，如果能够早早地进行严厉的处分、向受害队员直接致歉，说不定就能够避免整个球队被迫暂停活动这样的事态。这不就是所谓的体育精神的体现吗？

另外，在第二个步骤"把握事件关系"中必须弄清"6W1H"。

Who（谁）

Whom（对谁）

What（做了什么）

Why（为什么）

When（什么时候）

Where（在哪里）

How（怎样做的）

也许有人会觉得"这不是理所当然要弄明白的吗"？但是，我们观察一下现实中的记者会，往往都是一些糊弄事实的回答惹恼了甚至不是当事人的一些观众。

"关于这个，我们还没有完全掌握相关情况""现在还在调查当中"……连事实情况都没有确认怎么来致歉呢？大家都明白调查会花一定的时间，但是连致歉的对象都不明晰，自然会招致很多人的不满。

有时会听到"已有数名受害人被送入医院"的说法，如果是"数十人、数百人、数千人……"的话，没法确认数字也是无可厚非的事，但是如果住院的人数是个位数的话，应该是可以报"三个人、五个人"这样的准确数字的吧。这是稍加确认就能够弄清楚的事情，所以，及时地确认相关事实非常重要。

另外，绝不应该发生弄错致歉对象个人姓名、公司名、学校名的情况，如果发生了这种情况，说明其连基本的信息都没有好好采集，结果就是引来一片哗然。

在收取的基本信息当中，最需要精准的就是"名、数"，所谓"名、数"指的就是名字、地名、固有名词、数字、年月日、数量等内容，如果连"名"和"数"的内容都弄错，那结果一定是惨不忍睹的。出现这种问题可能会导致被迫全盘重新修订对应方案、全盘撤回已有发言的后果。

基于事实全貌制作"方案"

无论是怎样的事件，背后只存在一个真相，如果不将其弄清，予以糊弄，这种不诚恳的态度可能会让人质疑其背后有所隐瞒并由此产生新的不信任感。负责人需要做的就是，准确把握那个唯一的事实并向其中倾注全力。

那么到底要把握哪些情况呢？首先，需要入手的是已发生的事件或事故的现状，也就是不以人为转移的"资料"，而不是不可靠的受人影响的"信息"。

确认伤情后，医生会负责治疗，而其他事项的应对则必须建立在对真相的掌握上。在询问情况的时候，当事人应抛开面子，勇于承认，陈述事实。所要询问的具体项在前文也已经提到，就是把握事件关系所必需的"6W1H"。

把握事实之后的下一步就是"致歉方案"的制作。也就是要设定一个目标，并假设达到目标的过程。此时就需要一个"致歉设计图"，也就是"脚本"。"脚本"指的是拍摄电影或电视剧时使用的剧本，上面写有大致的故事情节、场景设定，以及基本的台词，所以，大多数的相关工作人员和演员能够通过阅读这个剧本取得对作品的共识。

方案制作的要点有：

1. 决定由谁来写方案，并集中各方面信息；
2. 主持人的选择会左右记者会的成功与否；
3. 尽最大努力准备最重要的"假想问答"并进行彩排。

致歉方案有八项主要内容：

1. 问候、自我介绍

2. 致歉

3. 事件原委

4. 防止再犯的举措

5. 赔偿

6. 回答问题

7. 最后再次致歉

8. 结尾寒暄

方案的实例介绍见本书 113 页。

挑战用 800 字应对媒体

如前文所述，两场记者会在应对方式上有巨大的差别，在这里，我们将重新对其展开讨论。A 大学队员在召开记者会之前就向媒体发布了"记者会将在明日下午两点进行"的消息，各电视台也都在做好了新闻直播的准备后出席了记者会。之所以会把时间定在下午两点，是当事人为了让媒体提前做好直播的准备，也向媒体表达了愿意被媒体直播的态度。在记者会上，该学生通过自己真挚的语言一举让本次记者会变成了一场"成功的记者会"，同时让积极的内容扩散出去。

而另一边，校方的记者会定在次日的晚上 8 点，可通知媒体的时间却是在记者会当日的晚上 7 点。在那个时间段，记者们正在编辑白天收集的素材制作原稿，或者正在商讨次日的报道，却在记者会开场前的一个小时才收到通知。

校方的这个做法等于是在向媒体传达这样的心声："因为你们媒体一直让我们搞一个记者会，那我们就弄一个吧。反正通知我们已经发了，来不来得了那是你们自己的问题。"那么媒体的记者就会想："这是在尽量减少到场人数啊。""根本就没有真心致歉啊。"整个记者会也就被这样定调了。

由于 A 大学学生的记者会刚结束，作为助推，校方本应该拿出更加能说服媒体的内容，但是他们却并没有这个意识。记者会一开始，校方并未说明事件的原委，主持人一直在挡问题，却不让作为事件当事人的领队发言，场面一度混乱，最后校方单方面地结束了记者会。

不管是媒体还是观众一定都大跌眼镜："突然把人召集起来就开这么个无聊的会？"随后各种批评蜂拥而至："态度太傲慢了。""主持得太烂了。"这还不算最狼狈的，在网上如下的负面声音大肆扩散："在校生的就业肯定不行了""下一届的招生人数肯定会锐减"……

如果你是责任人，你会做怎样的准备呢？

本案例是媒体知情后，当事人方面才开始采取应对措施，那么如果在媒体尚不知情的阶段来进行把握又会如何呢？

我认为，首先出现问题的点就是为什么非要让恶意犯规的队员独自来召开记者会呢？

这是因为校方根本就没有站在要保护这名队员的立场上，我们所能看到的，不，已经看到的就是校方只是在保护学校自身以及学校的上层。

校方可能是想尽量隐瞒能够隐瞒的东西，当然这种隐瞒本身就是不可原谅的。然而，在怎样传播信息这件事情上，是有多种选项的。在被媒体写上头版前，如果能够自己主动地发布信息，一定程度上是能够减少对组织形象的损害的。

不过在公布消息前，也应该设定媒体已经知情的情况。这里的媒体方既可能是大型报社记者，也可能是周刊杂志的合约记者，不同类型的媒体会有不同的报道方式。如果是周刊杂志，其截稿日和发刊日都是固定的，也可以参考各种周刊杂志的出刊方式。另外，电视台表示想要来采访怎么办？遇到了难以回答的问题怎么办？应该尽可能地发挥想象去考虑一切可能的情况。

说到与媒体的关系，你应该做好万全的准备来应对一切的"进攻"。在平日就加深与媒体的关系非常重要。与值得信赖的媒体内行人建立信任关系，能够时常与之商讨契合点的问题，在遇到突发事件时就会显得有底气、有把握得多。

我在准备致歉记者会的时候，都会自己提前写好一个 800 字的文本，连同标题也会想好，文本的内容大致是我希望在次日的报道中能够出现的内容。

当然，该内容不会故意歪曲事实，都是基于我们自己所收集的一切相关事实，虽然写得可能并不好，但是至少是有说服力的内容。文本中还表现出很好的致歉姿态，写好后我会发给值得信赖的记者过目。这样做，并不是要求记者直接按照这个文本写东西，但至少这种努力可以应对一些意外的情况。

致歉会还有一个好处就是能够同时对公司内外发布消息，通过共享公司所处境地的危机感，让每一个人绷紧神经，共同致力于对类似事件再次发生的预防工作。

再次回到"橄榄球事件"中，校方的这场记者会最可惜的就是没有向任何人表露"解决点"。所谓"解决点"，就是把问题解决时的样子具体地描述出来并展现给大家。通过设计和分享这个"解决点"，并提供相关信息，就能够逐渐地洗清自身。

我想针对这一点与大家深入讨论一下。

举个例子，在某汽车制造商舞弊的审查事件中，制造商在记者会上含糊不明的解释反而招致了怀疑和不信任。这个问题的理想结果就是，该品牌那些忠实的老顾客能够说："虽然发生了这件事情，但是我还是愿意买这个牌子的车，继续支持这个品牌。"只有有了这样的设想，制造商才能够跨过各种起起落落，创造东山再起的传奇。

另外一个例子，某明星因为分心驾驶造成了交通事故，这种情况只要承认驾驶时分心的事实并对此表示反省、致歉是能够好好收场的。如果一旦模糊事故的原因，就会招来不必要的猜测和谣言，一开始人们会猜疑："不会是在隐瞒什么吧？""是不是有什么其他的问题呀？"之后就会变成："应该是隐瞒着什么。""应该是有什么其他的问题。"最后就会演变成一些无中生有的东西，比如有人就会说："其实那个人就是犯人。"很多人总是喜欢发掘一些不负责任的谣言。在社交网络上，这样的剧情从展开到扩散只需要一眨眼的工夫。

那么如果是你，会把什么作为"问题点"来着手解决呢？

【解说】怎样实现更好的致歉

事例2　偶像团体致歉记者会事件

2018年春，某人气偶像团体成员强行猥亵事件引发社会关注，随后也召开了两场致歉记者会。一场由当事人成员召开，另一场由该成员以外的另外四名成员召开。

我必须说，加害人所召开的记者会是准备不足的。该成员在饮酒后将女高中生带入家中，对此其表示是自己的不对，并真诚地表达了反省和歉意，随后又保证不会再犯。我认为说完这些就足够了，其他多余的发言则是完全不必要的。

然而，该成员紧接着又说："如果可以，希望能够早日归队。"我虽然理解这种心情，但是这种话却不应该在致歉的场合说出来。个人的安排和辩解是毫无意义的。对个人期望的随意阐述可能会对受害人造成二次伤害。

再重复一次，**致歉就是要把对方的愤怒（IKARI）逆转为理解（RIKAI）**。人总是倾向自己得出回答："都这样子道歉了，人家应该会原谅我了吧。""都好好补偿人家了，应该会原谅我了吧。"如果这样认为就大错特错了。是否选择原谅是由对方决定的，只有对方选择原谅之后才能够进行下一步。明明什么都还没解决，就开始说"想要归队"是万万不可的。

另外，在记者会一开始的时候，其所属的经纪公司没有安排任何人出席，作为代理人的律师用7分钟对事情进行了说明。如果那位律师能够进行详细的说明，是有利于展现真诚的态度的。但是，当时出席记者会，默默站在一旁等待的该成员究竟是怎样一种状态呢？场地被团团围住，水泄不通，也没有主持人控场，该成员暴露在记者们犀利又充满好奇的视线之下，却只能一言不发，这其实会产生相当大的心理压力。终于等到可以开口的时候，自然就控制不住感情，不经意间就说了不该说的话。

在这一案例中，我认为应该事先准备好主持人、代理人的说明内容，以及该成员的发言内容，让记者会能够张弛有度地进行。

随后，由其他团体成员所召开的记者会被人们赞为"成功的记者会"，这又是为什么呢？

在这场记者会中，人们看到了这个团体"结束"和"重生"的故事。造成问题的成员被干脆地踢开，由剩下的四名成员开启组合的新篇章。一句"重新请大家多多指教"让人们看到公司所设定的目标，也就是"解决点"。整个问题的处理方式非常漂亮。开启新的篇章虽然也称不上是完美的结局，但从工作的角度来看，至少维护了组合的形象，守住了这个招牌。所以就结果而言，也称得上是一个"成功的记者会"。

我想盛赞的一点就是其中一名成员两次站在"对方的视角"（一次为

"前队友的视角",一次为"受害人父母的视角")来谈论自己的感受。他虽然不是加害人,但是却深刻理解"洞悉受害人的心理后再谈其他"的重要性。

不过,换一个角度来看,这也是一场"可悲的记者会"。每个人各说各话虽然是很好,但是他们毕竟曾经号称"一同表演,一同上节目,一同亲密相处"过的队友,但事实却是其他成员无法与闯了祸的成员有难同当。

"哎,原来五个人并非同气连枝,情同手足啊。"是闯祸的那个人飘了呢,还是其他四个人太散了呢?如果用这样的想法来看这场记者会,我认为这实际是当下这个沟通不足的社会的一个缩影。

另外,还有某组合好不容易才登上红白歌会,迎来了事业的起飞阶段,却因为一名成员的丑闻而毁掉,实在遗憾可惜。

不要坠入"Harassment(骚扰)之忧"

这一部分我首先要讲一些"Harassment"相关的要点。

"Harassment"的本义同小学里发生的"骚扰、欺凌"一样。加害方可能并没有恶意或者并不觉得是什么大事,但是对于受害人来说往往会是巨大的精神伤害,严重时可能会影响到日常的生活。非常遗憾,现如今这种现象在成人的世界里也变得十分常见。

"暴力"也可能会由"语言或态度"引起,说到"Harassment",实际会造成的问题有很多:令对方困扰、不快,伤害对方尊严,令对方蒙受损失等。更严重的,甚至还会造成对方拒绝上学、上班、抑郁、自杀等问题。所以"Harassment"所蕴含的负能量是巨大的。我在这里所说的"暴力"是必然会受到法律制裁的。

以前我们不会在意的一些事情随着时代的变化也会发生改变。且不论暴力行为会产生相应的"加害人"和"受害人",单是由于"在意"与"不在意"的差别也会出现骚扰的情况。打个比方,有时候人会在不经意的情况下"骚扰"到别人,例如"气味骚扰""抽烟骚扰"。

气味骚扰,指的是人自身散发的气味,例如化妆品、香水、体臭、口臭等,给周围的人带来不舒服的感觉而自己又毫无察觉的情况。

而抽烟骚扰,指的是抽烟者自己吸烟而给身边的人造成不适的情况。不只是办公场所或餐馆等公共场合,家庭中家庭成员被动吸烟的情况也属于这个范畴。像在咖啡厅、餐馆、车站、机场等地都逐渐设有吸烟专座或吸烟专区,划分吸烟区域的工作正在慢慢推进。日本有的地方甚至禁止边走路边抽烟,这对于一些老烟枪来说实在是难熬。这种情况似乎也能称得上是一种"Harassment",但由于其是属于遵守规则与否的范畴,所以不存在有"加害者"与"被害者"的区分。

由此,是否是"Harassment"主要应该根据遭受方的感受来进行断定。我们从中也可以看出体谅他人感受的重要性。

接下来,我们看一下什么是"Power Harassment(职权骚扰)"。

联想一下橄榄球事件之类的案例应该会帮助我们理解这个词语。

- 公开斥责(在很多人面前斥责)、人格否定
- 直来直去、毫不掩饰的魔鬼上司
- 称呼员工为"薪水小偷"

- 威胁炒鱿鱼
- 无视命令
- 安排困难的工作后打差评，安排过量工作
- 对职权骚扰的控诉充耳不闻

……

以上这些都属于"权职骚扰"的范围。

任何骚扰都不应该被原谅，特别是经常听说有人面对性骚扰而忍气吞声。新闻上有时会看到大学教授或者在职警察因为偷拍或猥亵而被捕。这些都是受害者发声和大量人关注的共同作用。伸张正义需要一些勇气。

性骚扰往往会带来精神上的创伤。有的受害人会患上PTSD（创伤后应激障碍），不敢坐电车，不敢外出，最后都不能正常地上班、上学。

在欧美国家，"痴汉（译者注：日语，类似中文的色狼，指在电车等公共场所对女性进行性骚扰、性侵犯的男性）"行为是与强奸罪并列的重罪。外国人对于日本痴汉犯罪的高发常是表示诧异的态度的。其实真正的受害人人数是报案人数的十倍、二十倍之多。

单靠量刑是无法真正阻止犯罪的，我认为问题的重点是在"道德"上，也就是"人性教育"的问题。

监狱里有各种各样的罪犯，比较奇怪的一点是因为"性犯罪""幼儿色情"等受刑的服刑人员往往在狱中遭受"霸凌"。大家都是违反道德的犯罪行为，但其中还分出了三六九等，这着实有些讽刺。

当遭遇了性侵时，如果受害人选择发声，那么周围的人应该尽可能地予以救助，这也是一种"道德"的体现。"性犯罪"是一种蓄意的重大犯罪，在人满的电车里自然会有肢体接触，但是如果故意去碰腰或者胸之类的部位就另当别论了。

特别龌龊的是，有人会在与你擦身而过的时候说一些下流的话，还有在电车里跟其他手机连线发送一些下流照片。

本书提到的"避免致歉的方法"，从这个角度来看就是要避免"性侵犯"。

这里让我们一起了解一些"Sexual Harassment（性骚扰）"相关的内容。

"性骚扰"的意思就是"引起他人不适和厌恶的与性相关的言语或行为"。你的行为如果让对方感到厌恶，那么就构成了"骚扰"。下面举一些属于该范畴的例子。

- 雇主向员工寻求性关系
- 在出差途中的车里，上司触摸员工的腰或胸等部位
- 在日常生活中公然说一些涉及性的话语
- 同事向客户发送涉及性的信息
- 在办公场所张贴裸体或泳装海报
- 在酒席上逼迫员工喝酒
- 在工作中利用利害关系强行施加性行为或猥亵行为
- 公共场合讲荤段子，聊别人的姿容、身体等方面的内容

- 讲自己的性经验
- 缠着人问其恋爱经验、是否有性经验
- 询问别人胸或者生殖器的尺寸
- 强制或劝说别人参与淫秽聊天
- 在公司组织的旅行中强制别人穿着旅馆的浴衣
- 要求别人穿性感的服饰或做包含性暗示的动作
- 强行邀人去"风俗店"
- 强迫别人裸舞
- 询问别人的婚姻生活或育儿安排
- 公开自己心中的男同事或女同事排名

大家可能会学着大木KODAMA（译者注：日本对口漫才组合）的口吻说道："这种家伙压根儿就没有！"但是，如果每天看着这种类型的新闻报道，肯定又会改口道："这种家伙也太多了！"另外，灌酒、利用自己地位的"职权骚扰"也是性骚扰发生的重要成因。本书并没有写"性骚扰之后的致歉方法"的相关内容。我希望人们能够审视自己的人性，遵守道德，不要以身试法。毕竟等待着"犯罪"的永远是严厉的制裁。

事例3　大牌汽车制造商会长被捕辞任事件

前文曾写道：发生问题时，利用宏观或微观概念设定和分享"目标"的重要性。在橄榄球事件的部分我也试着设定过一个目标，就是"让两校能够来一场堂堂正正的较量"。

某日，突然爆出一条大牌汽车制造商会长被捕的大新闻。该公司的社长早早地召开了一场记者会，记者会的过程被完整地上传到了Youtube的官方频道上，如实地记录了全程90分钟的内容。

2019年2月，当我点开制造商的官方主页，2018年12月7日致歉会相关的内容中只能看到"有关成品抽查不合格的致歉"。试着查找与这次事件相关的正式文书，也未能找到。最后，好不容易找到的内容需要先在主页点开"企业·IR信息"，再点开"新闻发布"，然后才会看到与《缔结产学合作相关的基本协定书》《高规格标准急救车改型设计》同日期（2018年11月19日）的《本公司代表董事会长重大不当行为的相关文件》。我点开后第一感受就是："就这么点儿东西？"到了2019年1月24日也只是《关于临时股东大会召开的讨论》这样程度的新闻了。

律己修己

企业要从正面展示自己，需要发挥网络的作用。能够利用本公司的主页自己主动发布信息，企业需要发挥其准确、迅速、成本低的特性，最大程度地将主页利用起来。此外，企业在平时也可以利用网络来宣传自己的新产品，提升企业的价值。

从某种程度上说，企业严格要求自己利用网络真实地展现自己，其实是一种应对突发热点事件的提前准备对策。这种可以帮助企业自己发声的媒体，在当下表现出的作用却过于微弱。

现在很多大企业还有依赖电视、广播、报纸、杂志等传统媒体发布信息的倾向，其何不严格要求自己利用起网络呢？那里才是见识真本领的地方。

现在，让我们回到汽车公司的话题。我所听到的有这些关键词：隐瞒工资、特殊渎职、司法交易、伪造有价证券报告书、权力型经营、企业统制、合规问题、员工退休金、雷曼事件、法人资金流入私人账户、社长的共犯立案、政治投机、现任经营团体的责任、前员工的感叹、公司内斗失败等。

这些问题当然要一个一个地刨根问底，但现在作为企业来说，最重要的还是设定一个怎样的目标的问题。那么，为了搞清楚宏观概念，让我们一起来看一下该公司的社长寄语：

"在'为了充实人们生活'的视角下，提供充满独创性和革新性的汽车与服务，并让大家认可这一价值，这是我们不懈的追求。各种技术革新层出不穷，汽车行业也处于这一时代的洪流当中，所以，我们也一直积极致力于在从设计开发到生产、售卖、服务的所有环节加速实现变革。

"'一切皆始于每一个人的热情'，这句话正体现了我们所有员工的努力追求。正是因为我们坚信企业员工的精力与动力是其所构成的企业进步的源泉，所以我们今后依然会发挥员工的积极性，去倾听、实现和提供顾客所期望的价值。"

这种公司的理念也可以称作是一种宏观目标，让所有员工都秉持这种理念，并落实到工作当中，理解的基础上伴随实践，最终的"目标"还是落在提升顾客的满意度上。

大学橄球事件也是这样，加害人与受害人有时非常明确，有时又并非如此。有的事故是毫无恶意的突发事件，而有的事件又不是这样。

在这样的现状当中，要解决问题有一个共通的法则，那就是设定一个"目标"。要深化对"理念"这一宏观目标的具体认识:"充实的生活"这样一个目标对于不同的人,例如干事、员工、股东、分店、粉丝和使用者来说分别都意味着什么。

然后,要对每一个角度进行深入思考,自己对未来进行预测设想。这便是"目标"的设定。

另外,干事首先要将自己也是当事人的认识放到最高点,把握现状,自己对自己要有同感。按照顺序来说,在高举理想和目标之前应该去接受所有的现实。不相信也好,感到被背叛也好,都不是这一类的问题。一切都要从 100% 地接受现实开始。这就是我所说的"对自己有同感"。

能够取得同感之后,接下来要做的就是把自己放在各种角色的立场之上,去观察对方的感受和利益。只有做了这些,才能够去检验自己应做的致歉和赔偿,以及之前的目标设定是否有纰漏,是否不严格,是否太低。

这个时候,要求干事能够去揣摩对方和当时的气氛,对多方面的事物进行留意。

致歉绝不是目标本身。设定目标,怎样做,想做成什么样子,这些才是要点。

事例4 准备不足、缺乏自我控制——问题的根源显而易见

2018 年发生了很多引发社会热议的致歉案件,其背后的原因是多种多样的。比如,因为不充分的准备或失误而引发的问题,某面包制造公司误将红豆沙注入奶油面包,这到底是怎么发生的?如果注入的是带皮

红豆泥是不是问题就会闹得更大？说起来吉本兴业在大约50年前曾做过"善哉"的生意，当时的社长曾训斥员工"善哉里的红豆沙放太多了！"，于是让员工多加热水稀释，最后就变成了"年糕小豆汤"。真是一个随便想象的时代。

另一则新闻则让人无法笑得出来，某礼服租赁公司碰巧在举行成人礼那日之前倒闭，这对于许多人来说，称得上一生回忆的成人礼变成了一件糟心事。该公司的社长因故意在事前隐瞒财务状况而被判刑，而另一边却有吉本兴业的艺人为受害的新成人们补办了一场成人礼，并免费为他们提供振袖和服。另外，从帮忙穿和服、做发型到请专门的摄影师拍照全都免费，最后，大约100名新成人及同行人员一同度过了美好的游船晚宴时光。

犯罪之类的事情自不必说。某著名女演员曾因其次子涉嫌使用兴奋剂四次被捕而致歉，某前著名偶像团体成员因饮酒、闯红灯、肇事逃逸等违反汽车驾驶处罚法和道路交通法行为被捕起诉而致歉。无论哪一个案例都造成了非常恶劣的影响，没有任何洗白的余地。

还有非常易懂的因自控能力不足而引起的事件，大津市议员、青森市议员、伊势崎议员等都曾因在SNS上的不当发言而引起风波。他们有的是没有认清自己所在的位置，有的是孩子气，有的是没有认识到自己是被有权者所利用的，不管怎样，这种无法认清自己的人还是辞职的好。

最后要举的例子是"森友学园与加计学园"问题。围绕这个问题，许多人物在国会进行了答辩，除此之外还召开了记者会，然而都没有说清背后的真相。这难道是黑泽明导演的作品《罗生门》的原型，也就是芥川龙之介所写的《竹林中》里的故事吗？故事的大概就是：真相只有一个，然而讲话的人却众说纷纭。不过很可惜，这个事件完全不及黑泽明的作品，其不过是三流政客们的一场闹剧。因为主角夫妇和我一样都是关西人，我个人对他们还有他们的爱犬——柴犬安兵卫都有一种天然的亲近感。

【实战】你会怎么做？试着写出方案

看了以上的案例，有人可能会认为自己差不多弄懂了，但是实际操作却并非那么简单。那么，在这里我们以2018年发生的某事件作为参考，试着写一写致歉记者会的方案。

本案例是一场关于"因夏威夷会场施工延期而被迫取消婚礼企划"的致歉记者会，请阅读下面的内容，在脑海里设想该场景。试着想象自己站在社长、公关部门人员或者到场记者的立场上阅读以下的内容。

"方案"一般包含如下内容：在场全体工作人员应事先了解的所有相关情况的说明，以及特定位置上的人要说的台词。方案中的内容并不用在现场全部读完，而是要在几轮商洽之后，话语权转到自己这边后再开始读。围绕这个案例我准备了四个版本。

我在之前反复提到过，致歉记者会本身不是目的，其只是达到"美好的结局"这一目标的道具。说到事故和事件，不管是突发的意外还是员工的恶意为之，都给人的心灵造成了伤害，那么，这时"致歉"就是一种能将愤怒（IKARI）逆转为理解（RIKAI）的东西。

这样的记者会是弥漫着紧张感的，社长或其他相关人员要面对数十人，甚至数百人的媒体，另外，还要向背后的观众、读者表达出自己的诚意。正因为是这样的环境，所以更应该平稳地推进记者会的每个步骤。重要的不只是会场的布置，还有从接待处就要开始的整体安排。

记者问答的时候，所有台前幕后的人员都必须营造一个充满诚意的现场。

在这里，我先列举一些失败的记者会的特点：

- 接待处的人手不够，记者们在此聚集，场面混乱
- 会场记者坐不下
- 大多数记者都要使用电脑，但是座位前都没有桌子
- 没有给摄影师安排位置
- 登台者和记者在会前于卫生间碰上
- 麦克风或扬声器没有调好，无法听清声音
- 不按照时间安排进行

在这样的场合，条理就是生命。如果准备不当的话，就会出现类似这样的情况：在后面待机的摄影师对着前面大吼："前面的记者，别挡着摄像！"像这种对采访不友好的记者会现场往往气氛都会变糟糕，很多记者也很容易变得焦躁易怒。如此一来，就算登台者在非常冷静地进行说明，非常诚挚地表达歉意，但由于现场满满的负能量，其还是会被追问各种刁钻的问题，遭受各种吐槽，最后结果往往就是不仅无法表达完整自己想表达的内容，还搞得筋疲力尽。

另外，如果是在公司内举行记者会的话，就会有一些员工偷偷跑来看热闹，这样的员工必须严禁入场。记者会现场不需要这种"看热闹"的人，这样的人也会把现场的气氛弄糟。

诸如主持人的重要性，记者会举办通知的模板，记者会过程中记者动向的注意点等内容都在前作中有所提及，可作为参考。

"有关因会场施工延期而取消婚礼企划"记者会方案

×年×月×日

Ver.04

制作：株式会社 GHR 旅行社　广告部

致歉记者会

日期：×年×月×日（星期×）

入场时间：×时×分（记者会开始前大约 2 小时）

　　　　　请于×时在接待处的右侧集合，此时会抽签决定摄像机
　　　　　位

记者会开始时间：×时×分（未设结束时间）

会场：Aloha 酒店

（住所）东京都××区××丁目××番××号

交通方式：最近的站点以及有无停车场

附：地图　交通方式　会场示意图　卫生间指示　指定吸烟场所（如果有的话）

出席者：

社长甲　株式会社 GHR 旅行社　代表董事

营业乙　株式会社 GHR 旅行社　营业担当

公关丙　株式会社 GHR 旅行社　公关部长

辩护丁　株式会社 GHR 旅行社　公司外部代表（律师）

准备物品：

"接待处"长桌、放名片的容器、花名册、放入场证的证件卡套（当日日期、编号大字）、抽签箱、"会场记者席"的椅子、桌子、放摄影器材的台子等。

发言台上的长桌、椅子、去掉标签的瓶装水、桌前的姓名牌、麦克风（发言台两支、主持人一支、问答用两支），如果可以的话最好使用能接通电视台的麦克风线路输出。

人员：

接待处：公关4人、负责记者提问环节的2人、会议记录2人（分别负责录像和笔录，主要记录参加记者人数、摄像人数、记者问答等内容）

接待顺序：

按照到场顺序进行接待，接收到场人员的名片一张，没有名片的人员记录在花名册上；

递交入场证（让其佩戴在能看见的地方，结束后返还）；

递交资料（也可以在之前发布通知的同时发送，或者发送线上资料，资料上应该有出席者的姓名，还有年龄）；

到摄像人员的集合时间进行抽签决定摄像机位

事件概要（公司内人员确认用）：

记者会前需要了解的资料和概况

- 旅行由2017年12月开始召集，会场定于夏威夷的瓦胡岛，开业时间定在2018年9月1日
- 260对新人原定于2018年9月至2019年9月举行结婚仪式
- 2018年8月15日，从会场的运营公司那里接到消息，会场的施工遇到推迟，可能会无法按时开业
- 之后定期关注着施工情况，预计8月15日开业还是比较困难
- 8月17日决定取消原定于2018年9月的婚礼旅行，由负责人介绍原定参加人员到其他会场举行婚礼仪式
- 9月3日决定取消10月以后的所有旅行
- 观光厅于28日开始进行调查取证，对契约内容、得知会场无法如期开放这一消息的日期进行确认。同时，还收集了旅行条约和手册等资料，在此基础上针对是否违反旅行行业法展开调查
- 全额退还仪式费用和旅行费用，同时向每一对原定于今年出发旅行的新人补偿20万日元（约合1.3万元）
- 取消旅行计划后，在运营公司的主页仍然保留关于会场的描述：礼台的背后是180度无死角的祖母绿般的大海，教堂内部也处处体

现着与夏威夷自然风景的融合。其将于2018年盛大开幕

1. 前言

（开场前十分钟）

公关部长：

首先，在此向百忙之中抽空前来参加本次"有关因会场施工延期而取消婚礼企划"记者会的各位表示由衷的感谢。

我是今天担任记者会主持的公关部长－丙，请大家多多指教。

在记者会正式开始前向大家做一个简单的说明与确认。

今日共有三位登台，各位请看，他们将从右侧陆续登台，其分别是营业担当－乙，接着是代表董事－社长甲，然后是公司外代表－律师丁。

首先由本公司的代表就本事件进行说明，之后进入问答环节，请大家耐心等到最后。各位还有什么问题吗？

那好，记者会很快就要开始了，请大家少安勿躁。

2.（定时）记者会开始

公关部长：

时间已到，请各位代表陆续登台。（按照座位远近顺序陆续登台）（暂不坐下）

（全员登台后）那么，请各位代表向大家致以问候。首先是社长。

社长：

（简单地）问候（包含自我介绍）

公关部长：

接下来是营业担当。

营业担当：

（简单地）问候（包含自我介绍）

公关部长：

接下来是公司外代表的律师。

律师：

（简单地）问候（包含自我介绍）

公关部长：

接下来有请社长讲话。

代表：

（致歉）（全员立正）

本次在夏威夷瓦胡岛的结婚仪式企划因会场施工的推迟而被迫取消，由此给各位带来了巨大的麻烦和不便，对此我们感到深深的抱歉。

对此良辰吉日期盼已久的新人夫妇们、父母们、亲朋们，以及其他原定参加仪式的朋友们、嘉宾们，我谨在此代表本公司向各位致以最深的歉意。实在对不起！（全员鞠躬）

公关部长：

请各位就座。

（看到全员都就座完毕后）

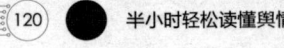

接下来由社长向各位说明事情的原委。

社长：

（情况说明）本公司在从运营仪式会场的Tiger公司那里收到消息，2018年9月1日将有新的仪式会场开张，于是本公司就开始策划该结婚仪式企划和召集旅行人员。

之后本公司也一直向Tiger公司了解进度，当时我们收到报告称能够按照原计划于2018年9月1日开业，所以本公司就决定按照原计划准备结婚仪式企划和本次旅行企划。

然而，在2018年8月14日的进度确认中，我们看到现场的施工情况明显落后于原定的工程进度，所以我们向Tiger公司提出了质询。次日，也就是2018年8月15日，我们收到了对方的答复，其称可能会无法按原定计划完工，于是我们立刻做出了难以于2018年9月1日开业的判断，决定取消该结婚仪式企划和旅行企划。

关于已经申请成功的顾客，我们决定向其全额退款结婚仪式费用和旅行费用，根据顾客自己的意向，我们可提供替代的企划或行程。

（究明原因）

具体的原因和细节目前还在调查当中，但是由于不得不取消就在跟前的结婚仪式企划和旅行企划，我们感到十分地惋惜和深深自责。

（对顾客）

对于给各位顾客和与本事件相关的朋友们带来如此大的麻烦，我们表示深深的歉意。对于预定参加的260对新人，我们决定不仅全额退还结婚仪式的费用和旅行费用，还向每一对新人赔偿20万日元的损失费。

（具体答复顾客的反馈）

我收到了一些顾客的意见，比如"结婚仪式又不得不回到三个月前的阶段，真是浪费感情，为什么不能早一点把握事态呢？""至少早一点通知我们吧！""太不负责了！"等。每一条意见我们都真诚地接受。另外，我们也正在做替代方案和赔偿等相关的工作。

（预防再发措施）

我们希望今后能够向顾客提供更好的服务，所以，我们决定让员工实施更加透明的信息共享，与伙伴公司进行更加密切的信息交换，杜绝再次发生类似意外。

3. 问答环节

公关部长：

那么现在进入问答环节。

举手后由我点到的媒体朋友，我们会有工作人员将话筒拿给您，到时候请先报上您所代表的媒体名和您自己的名字，请一人一人地提问。

（接下来按照顺序点名记者）

记者1：

我是来自《××周刊》的××，首先我想问的是，明明有贵公司的驻地员工，为什么没能确认施工的进度呢？另外是用什么方式进行确认的呢？

社长：

每个月我们都是通过电话或邮件的方式对施工的进度进行确认，8月15日，我们从会场的运营公司那里收到消息，说会场的施工进度延迟可能会赶不上开业时间，于是我们派驻地员工去进行了现场确认，在此基础上明确了无法赶上开业时间的事实，最后决定紧急取消包含结婚仪式在内的旅行行程。

记者2：

我是来自××报社的××。请问过去有发生过这样的情况吗？如果有的话，我想了解一下是怎样一个情况，当时又是怎样处理的呢？

社长：

过去在本地有过因为天气原因将仪式会场由室外转移到室内，还有取消旅行行程的情况。那个时候都是按照规定做退款处理或者是更换其他行程。

记者3：

我是来自××周刊的××。我想问一个关于给260对新人进行赔偿的相关问题，请问现在已经赔偿了几对新人，另外赔偿的条件是什么？

社长：

现在有专员给所有的新人进行一对一的对接，目前还没有做完所有人的工作，非常抱歉，没办法在这里透露人数和条件的相关信息。

记者4：

我是来自专业旅行杂志××的××。可否请社长再次重复一下方才的致歉。

社长：

给以顾客为首的各位带来了巨大的麻烦和不便，我们感到深深的抱歉。

今后为了杜绝此类事件的再次发生，我们将努力加强与当地的联络沟通。

（一起起立鞠躬）

非常抱歉！

4. 谢词

公关部长：

好的，提问环节到此结束，现在请台上人员退场。

在此，再次向百忙之中抽空前来参加本次"有关因会场施工延期而取消婚礼企划"记者会的各位表示由衷的感谢。

有关顾客后续问题和赔偿问题的工作虽然还在进行当中，但是我们公关部门作为公司的窗口会及时向大家报告之后的工作进展，也将继续接受各位的提议。

欢迎大家随时联络。

今天真的非常感谢，请大家离开的时候不要忘记自己的随身物品。

我将继续在会场停留一会儿，有问题的各位欢迎前来提问。今天非常感谢大家。

追加提问！如何回答？

读完前面这个方案，有的读者朋友可能会觉得意外地轻松："啊，原来也就这么回事啊！"其实，这是因为这个台本里所写的问答环节的记者提问比实际情况要轻松缓和得多。如果都是像这样的问题，那么相信大家也都能够像社长一样游刃有余地进行回答。

然而现实却并非如此。

如果我是记者的话，相信我也会问一些更加犀利的问题。

设想如果你是记者的话，会问出什么样的问题，而作为社长又会如何作答呢？试着像玩游戏一样展开想象吧。

"我是《致歉周刊》的竹中，社长我可以向您提几个问题吗？"

"之前我们也采访过 Tiger 公司的社长，根据他所说：每隔几天都给 GHR 公司的负责人打电话报告施工情况，并每周一次发送施工现场的照片。至少在 5、6、7 月份都有负责人去过夏威夷的现场。那么，社长您具体听到的是一个怎样的情况呢？可以告诉我们您接收此类信息的一个频率吗？"

"在 8 月 15 日收到的回答是说没有办法举办仪式了，距离开业也只剩两周时间了。如果是天气原因那倒另当别论，可明明是这么大的工程问题，为什么会处理得如此漫不经心呢？"

"可以请您详细地告诉我们一下替补计划具体是一个什么样的计划呢？仅仅是打折吗？会准备超出原来价值的东西吗？"

"在 GHR 公司对客户有关场地运营公司工程进度的答复中是这样说的：虽然做好了各种预设才开始动工，但是因为恶劣天气和物流的延迟才造成了如此严重的延期。但是，另一边运营公司有关工程延期的说明却是：一直以来双方都在互相跟进，并不是 15 日突然传达那样的信息。对方的说法和社长您的说法有些不一样，到底哪边才是准确的呢？"

"我们之前看了现场的照片，发现根本看不到施工人员的身影，建筑物也只有一个骨架，看起来并不像 2015 年就开始动工的工程，这到底是怎么一回事呢？"

"随着我们调查的推进，我们发现在夏威夷从事观光行业的经营者们都说：会场的基础工程到 7 月末才完工，明眼人都看得出 9 月 1 日不可能开业。然而 GHR 的驻地员工却向公司汇报能够开业，事实到底是怎样的呢？"

"Tiger 公司的主页到现在都还是写着：设施开业准备中。请问您知道这件事吗？您怎样看呢？"

像类似的问题可以举出很多。

如此不喜欢"预料之外"的我竟然也想出了这么多"预料之外"的问题。

请大家也思考一下，面对这样的提问应该如何回答。因为没有掌握相关事实其实很难答得上来吧。没错，对于问答的双方来说，事实才是王牌。相信您也看出来，如果没有事实作证，往往什么都答不上来。

　　这里我只想说一点，我们试写了一下记者会的方案，但是，如果要达成真正的"圆满的结局"则必须能够写出更加宏观的方案内容。提升"致歉能力"的道路这才走了一半。

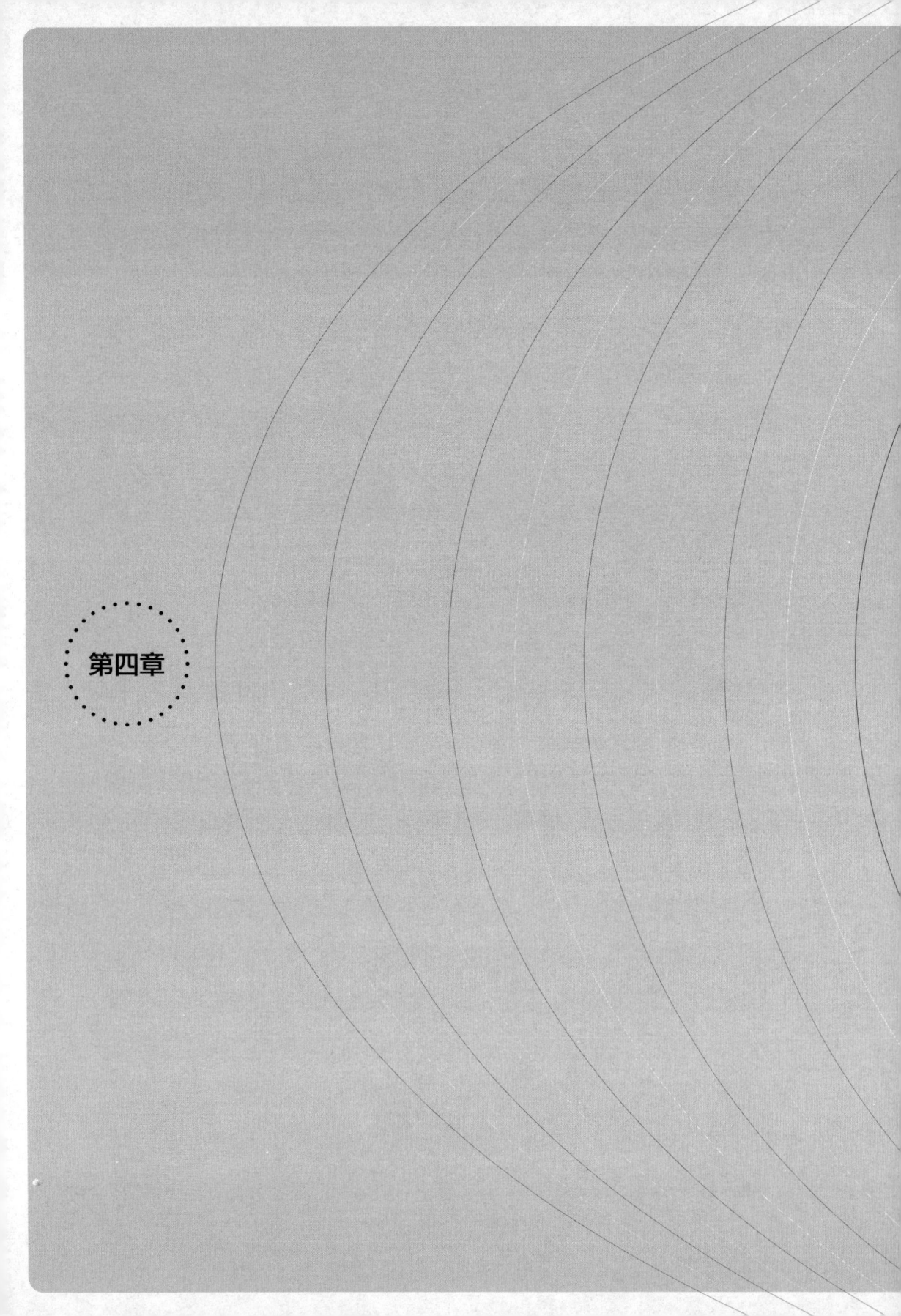
第四章

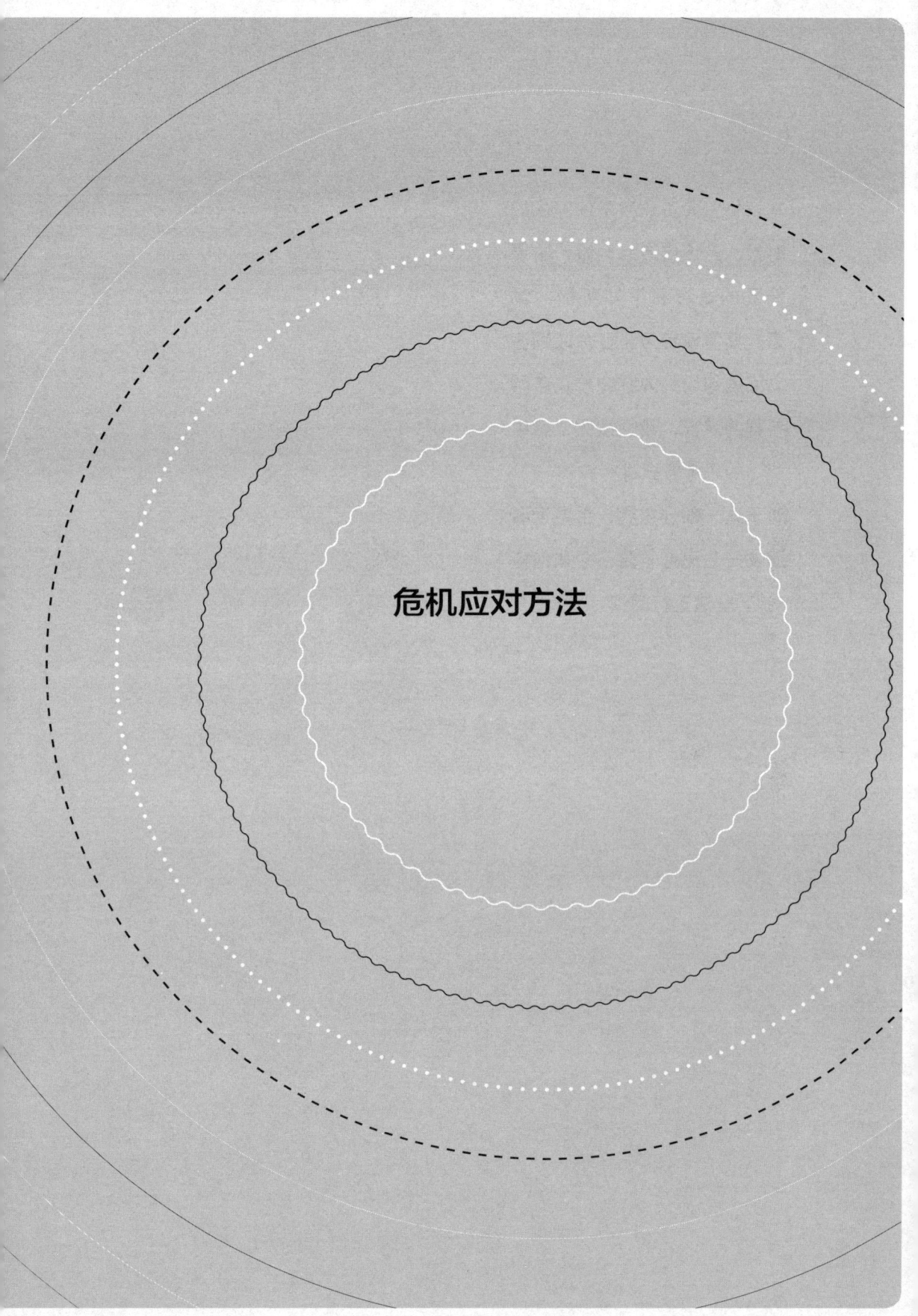

危机应对方法

本章将主要讲致歉事件发生的时候，具体应该怎么做，主要涉及的是容易不知所措的场景。具体设定为与客户或顾客之间的纠纷。内容会涉及各种各样的状况，我会按照"竹中式"的思考方式进行叙述。

对于这一部分内容，希望读者朋友一边思考"自己会如何应对"，一边进行阅读。

先电话还是直接前往？

事件也好，事故也罢，总之是某种问题出现了！

无论如何，第一步都是至关重要的。

此时应该直接与当事人见面，按照"问候、事情原委、自我反省、致歉、防止再犯举措"的顺序与其沟通。

为此，首先要致电，表明自己想要直接前往拜访致歉的意思。有时候只要说完了"我这就过去"，就算被中途挂断电话，也必须即刻前往拜访对方。

这个时候可以空手去，但是就算借来穿，也必须要穿好西装打好领带前往。

如果致歉被拒怎么办？

有时就算见到了对方也有可能致歉遭拒。

此时的沟通就需要一种进退之道，到底是应该立即退让一步，还是应该稍微推进一步，这都需要察言观色。如果对方气势汹汹，完全听不进去任何东西，那么此时绝不能跟其唱反调，而是默默听对方讲完。不要插嘴也不要反驳，只需做好听众。这种类型的人一般不会问一些细致的问题，即使有问题一般也就是问："你怎么觉得？"但其实这并不是真正在提问。

听到"你怎么觉得"后，你不需要老实巴交地作答，如果反复被这样问，你需要做的就是将自己的歉意和反省之情转化为语言，不计次数地向对方单纯地说一些致歉的话。**因为这个时间其实是"发泄时间",只需要将挨训进行到底**。

不过如果对方提出来的是一个很明显的问题,那么千万不能对其无视。这个时候千万不能找借口、辩解、说谎,如果强行给己方正名,只会让对方更加愤怒。**请怀着诚意和良心面对对方**。

赔偿的原则和内容

有一点非常重要，那就是绝不允诺自己做不到的事情。此时说的场面话可能会变成致命伤。做不到就是做不到，不明白就是不明白，这些都要实话实说。

但是，也不能眼睁睁地任由事态发展，与原定目标渐行渐远，所以，可以和对方约定自己会回去与公司咨询协商，之后再给出答复。一定要保证当时时间的宽裕，一般来说可以做出数日内给出答复的保证。至于是再次直接前往答复，还是电话答复，都要根据当时的气氛决定。

"交涉"是充满惊险的工作。我曾经向某律师咨询过有关将对方致伤的相关话题。当致歉工作做完以后就进入了代理人（一般多是律师担任）

与当事人的协商阶段。说简单一点，就是对"赔偿金额"进行协商。要交涉的内容包含伤情的轻重程度、要支付给医院的实际费用、停工补偿，以及抚恤金等，最后算出总额。这个总额根据加害人的职业、职位、处境的不同而有所变化，当然也会根据受害人的职业、职位、处境的不同而有所变化。

本来双方条件的磨合是需要花一定时间的，但是从本意上来说，我们还是希望能够在与对方直接见面的同时把这个事情定下来。当然交涉对象是有很多种的，既有显得比较着急的对象，也有显得比较不慌不忙的对象，他仿佛在说："不管商量多少次，不谈到我能接受的金额我就会一直谈下去。"

为什么要分别准备 50 万和 100 万？

在对方显得着急的时候，直接提出赔偿金额是一个不错的选择。我接触过一个案例，当时加害人提前去与对方进行协商，然后被许诺可以以 50 万或是 100 万日元解决问题，在协商地点咖啡厅，该加害人准备了两个信封，一个装有 50 万日元，另一个装有 100 万日元。

我本来想既然是金额的问题，那么为什么不直接准备两个 50 万日元的信封呢？为什么非要装两种金额的信封呢？细问原因后人家说：

"如果谈下来的金额是 50 万日元那还好说，如果是 100 万日元的话，那就要递两个信封了，如果那样，对方可能会猜疑：'肯定一开始就想拿 50 万日元来打发我。'所以，准备两种信封是为了避免谈判的破裂。如果手里有一个装有 100 万日元的信封就可以痛快地递给对方，然后直截了当地让对方在协商文件上签字了。"

其实，这样做还有一个原因，如果是最坏最坏的结果，100万日元也解决不了问题，那么至少还可以递出多余的50万日元。

其还说道："这就是极限了，如果这还不够，那么，就会请对方再给一些时间。现在这类案例大多都是50万日元就能够解决问题。"我听完后心想：不愧是专业的谈判人。

是否应该带着致歉信

在这里，请先考虑清楚递交致歉信后可能会引发的风险，再决定是否要带致歉信。"致歉信"虽然是个人表达反省之意的东西，但它其实是属于"外部文书"，所以，必须要做好背负巨大责任的准备。"外部文书"一类的文章是有可能将公司的上层也卷入进来的。

我觉得一开始并不用准备致歉信。当务之急是先与对方实际见面，然后通过自己的语言向对方准确地表达致歉的意思。当这一步做完以后，如果有必要，你再递交一些类似致歉信的文字。

致歉信与检讨书

在这里我介绍一下作为外部文书的"致歉信"与作为内部文书的"汇报信""检讨书"的区别。

首先是"汇报信""检讨书"之间的区别。

一般来说,这两种文书都是在公司内部使用。另外,一部分企业对"汇报信""检讨书"并不进行明确区分。然而严格来说,"检讨书"在将问题来龙去脉讲清楚的同时,还要对自己的过失或造成的问题进行道歉,其中有很浓的反省的意思,另外,在文中还要保证下次不会再犯。"检讨书"最好是用手写。

另一边,"汇报信"主要是用来报告"为什么会变成这种情况",所以,它是向公司内部一五一十地报告问题或说明过失原委的报告书。"汇报信"要报告的就是事情从头到尾的全过程。

我在之前的公司曾多次交过类似的东西,也受过处分,这里不是自吹自擂,但对于这种东西我还是相当熟悉的。

"检讨书"应该由闯祸、造成过失的人来书写。

其内容要点包括:

1. 给公司造成经济损失的情况

2. 违反公司内部规定的情况

(1) 违反就业规则、服务章程的情况

(2) 明显违背社会公德、一般常识的情况

3. 给公司的社会形象带来巨大损害的情况

（1）商品不合格、服务不到位

（2）给顾客或客户带来麻烦

（3）未经许可使用公司名号

（4）给周遭的居民或团体带来麻烦

内容除了包含这些直接性的过错，还应包括赔偿损失等间接性的内容。

在提交的规则方面，"检讨书"应该非常正式地装入信封再提交。信封应该是纯白色的双层信封。表面不需要写收件人，应该在信封的正面正中央用黑笔（毛笔或钢笔）写上"检讨书"三个字。另外，在背面要写上所属部门和自己的姓名。闯祸之后或者是收到处罚后就应该及早提交出去。

而"汇报信"用电脑写就可以。由于其内容主要是"报告"，所以，应该站在客观公正的立场进行书写。从这个角度来说，也并非一定要当事人书写。有时候是由立场最合适的人来写。在有些情况下，不只是作者本人，连同相关部门领导、负责人的姓名和印章都会一同并列。其要点包括：

1. 商品不合格、服务不到位的情况

2. 事务处理或手续上有纰漏的情况

3. 事故或丑闻的情况

（1）什么时候、在什么地方、发生什么样的事情

（2）受害损失程度如何

（3）如何应对现状

（4）今后的对策如何

（5）写下负责人的意见并提交

提交"汇报信"时不需要信封，不过在向公务部门提交特殊"汇报信"的时候，要遵照其相关规定。

那么，针对公司外部的"致歉信"与以上两种文书又有什么不同呢？

一般来说，在对客户或顾客等"公司外部"人员进行致歉的时候所使用的文书就是"致歉信"。

"汇报信""检讨书"一般是对公司内部使用，而"致歉信"则是交给自己添过麻烦的人。

"致歉信"是因事故、自己的失败或过失而给对方造成麻烦时，用来传达自己歉意的文书。从这个角度来说，只需要把前文提到的"检讨书"的内容稍加修改就能够变成一篇"致歉信"。

我个人主张致歉的最好方式是直接对话，"致歉信"则是一种补充。"致歉信"最好还是不要用电脑来写。

就像人会在瞬间决定对对方的印象一样，用电脑写成的东西会给人一种"随随便便写出来"的感觉。

观感这个东西非常重要。

必须致歉的时候，我会先在电话中致歉，传达自己即将上门致歉的意思。直接见面后，如果谈得非常顺利，我才会根据情况考虑是当面递交或是邮寄"致歉信"。

总的来说，写"致歉信"的目的绝不是用来请求对方的原谅，其跟向公司内部提交的"检讨书"一样，都是用来说明事情的来龙去脉、表达反省、表达不再犯的决心，目的还是在于用一种有形的方式将以上的内容保留下来。什么时候需要"致歉信"呢？那一定是对方已经接受你的致歉，你已经取得对方理解原谅的时候。

另外，虽然竹中式的致歉非常重视交流对话，但是，当对话无法正常进行的时候，也是可以将沟通方式转变为信件交流的。信件可以帮助双方进行冷静沉着的沟通。

是否应该带礼物

　　要记住你的目的只有一个,就是"致歉"。并不是说买了礼物就能奢求对方的态度有什么转变。不过我认为,当你已经约好去对方的公司或家里登门拜访时,两手空空多少还是有失礼数。有时候情况比较紧急,确实没有时间去买礼物,这个时候不带礼物也无可厚非,但是我觉得在去的路上路过商场的话,何不顺便挑选一个礼物呢?

　　至于是要通过两手空空表现出火速赶来的样子,还是要表现出虽然来得急,但是还是记得略表心意的样子,这都要根据你自己的情况决定。

在表达歉意的时候需要借助一些道具来"表示心意"。就像前面所说的"致歉信"是手写好还是电子版好的问题一样，给人的观感是至关重要的。

这一点在送礼上也同样有体现。另外，礼品不能只看表面，拿到手里的感觉也很重要。一般拿到手里会有这些情况：包装袋太大，但是礼物本身太小，拿到手里沙沙作响；礼物和包装袋都很小；包装大到手里都拿不下……

"适材适所"这个词是说根据人的能力为其安排相应的工作位置或工作内容。这样说可能有些奇怪，但是礼物也有自己的属性，所以也需要做到"适材适所"。

致歉的时候，所有的细节包括衣着、措辞、举止都需要注意，因此，我认为作为表达歉意的方式之一，礼品也是很重要的。本来礼品是用来表达感谢之情的，但是有时它也可以延伸为用于表达反省的态度。

"虎屋"的建议

说到伴手礼的王牌，一定要提到创业于室町时代后期的京都老店"虎屋"家的羊羹。我记得我在京都上大学的时候，乘坐市内巴士沿着京都御所的西侧往北行的路上总能看到这家店。步入社会后，在东京赤坂看到了与之前一样的门帘，于是我立马告诉身边的朋友：在这家买伴手礼再合适不过了，这是家超级有名的和菓子店。

我以前跟某人疏于联络很久没见了，然后又要去登门拜访，于是我就去了这家虎屋，在选商品的时候我也稍微聊了一下我的情况，然后店家就给我建议：

"如果是这种情况的话，我会推荐这款3000日元左右的羊羹。价格不会太贵，不会让人家反倒觉得过意不去。"

我心想，不愧是老店，卖的东西有历史有传统，买到手的羊羹也很有分量，另外，包装纸和纸袋也做得挺有格调。无论是商品还是店铺本身，都给人一种厚重之感。由于拜访的对象也不是一家公司，所以就选了一款没有分成小份的。

我不禁感叹："遇到困难就要去'虎屋'咨询咨询。"店家一定会倾听客人的需求并就商品的类型和价格给出合适的建议。想必店家不只拥有商品相关的知识，对于市场的需求（或者说顾客的需求）也有所研究。

此外，我还要提一下包装，最好是要有礼签纸。在表达歉意的时候，要把礼签纸上的"礼签"（粘在礼签纸上或者印刷在纸面上的装饰物）去掉，然后写上"致歉""陈谢"等字样。

在这种场合，西式点心就显得不太合适。

如果致歉的时候带的伴手礼是类似布丁、泡芙、砂糖点心、马卡龙的话，感觉会有些不够严肃。致歉者离开后，当事人打开礼物袋，最后注意到的还是鲜艳的手提袋以及可爱的包装纸。致歉与华丽是不相配的，这样的礼物不太适合用于表现深刻的反省。

虽说西点不适合拿来送给公司这样的对象，但是**如果是好友之间闹矛盾了，想要道歉修复关系的话，西点也还是一种不错的选择。**如果想要现场打开礼物，与对方一边享用一边告诉对方："之前对不起，咱们和好吧。"这个时候就可以选择马卡龙。终于有马卡龙闪亮登场的时候了。如果你与对方很熟，我也推荐将马卡龙作为请客吃饭和酒水的搭配。不过这也只限于可以和对方说"之前对不起，咱们和好吧"的关系当中。

如果是非常严肃的致歉，还是需要体面一些，所以就需要和菓子来坐镇。不只是和菓子，礼品的种类、味道、制造商、店铺、价格等都有所区分，这些都要根据自己想要留给对方的印象进行挑选，也就是要给礼品赋予"性格"，从这一点上来说，日本人是做得非常用心的。我知道很多国家的人一般不喜欢致歉，正是因为日本有这样的致歉文化，才能够连礼品也细分出性格的差异。

如果追溯"虎屋"自创业开始的500年历史，想必能将每一个时代的"致歉故事"，以及当时向客人推荐的商品集合成册。

应该注意的"NG 点"

致歉最基本的就是要弄明白"谁,向谁,为什么事情致歉",如果没有弄清楚这个,那么这个致歉是毫无意义的。

因此,致歉者应该要有紧迫感,尽快地完全把握现状,弄清问题点和原因,找到需要反省的点,此外还要有责任感,能够具体地陈述防止再犯的措施。

以下就将一些 NG(No Good)点进行罗列。

应对方式
- 应对迟缓

- 借口
- 谎言
- 转嫁责任
- 言辞拐弯抹角
- 视线飘忽
- 失礼地反问
- 张扬的礼物
- 想要快点聊到赔偿金的问题
- 否定对方的诉求

心理

- 明哲保身
- 强烈的特权意识
- 缺乏想象力
- 对现状的认识过于天真
- 缺乏自我认识

用词

- "我当时也是稀里糊涂的"
- "这完全是意料之外"
- "深感遗憾"
- "这是个误会"

- "我没有印象"
- "我不知道"
- "我没听说过"
- "我不是责任人"
- "对于部下的过失我深感抱歉"
- 死扣道理问："为什么呢？"
- 不自信的讲话方式
- 话语中显得是对方的错

观感印象

- 花哨的西装
- 花哨的领带
- 高跟鞋或运动鞋
- 花哨的首饰
- 花哨的指甲
- 显得不干净的发型
- 背着帆布包或挎包

举止

- 语速快
- 说太多
- 声音小

- 不听对方讲话
- 摇头晃脑
- 眼睛东张西望
- 嘴巴半开
- 抱胳膊
- 态度蛮横无理
- 无法信任的态度

记者会
- 撑不住场子的主持人
- 问答环节的麦克风递交不畅
- 安排记者（媒体）时动作迟钝
- 会场狭小
- 会场不好安置麦克风和摄像机
- 记者会时间过于短促
- 记者会的通知太急与记者们进行新闻取材的时间阶段不符
- 有选择地通知媒体

登上热搜怎么办

　　我用"纠纷界的流行趋势"来形容可能不太合适，但是不得不说，网络舆情问题有着越来越日常化的趋势。这不仅局限于日本国内，在世界范围也是一大趋势。据说日本每年的舆情事件超过 1000 件，也就是说，一天就有 3 件。不过该类事件确实是层出不穷，如果打开搜索引擎输入关键词"舆情"，你一定会收到海量的信息，其实，如果把关键词改为"致歉"，收到的信息数应该不输前者。

　　从大企业的问题到朋友之间的矛盾，这些事件无论大小，一开始的起因常常微不足道，也没什么人关注，但是一旦升级发酵，就变成了我们所看到的舆情事件。当然大多数时候，原因都还是在当事人公司或自己身上，并且，升级为舆情事件往往都是由于不谨慎或不用心。

这样的情况就称得上是"缺乏危机管理能力"。

一旦登上热搜，个人信息会被公开，个人简历自不必说，自己曾经上传的内容会被拿来分析，不只是家人，甚至是公司同事、朋友、恋人等人的资料也会被网友上传到网上。由此带来的不只是丧失信用和地位，有时还会莫名其妙地收到不知谁订的货到付款的寿司或比萨，甚至是更加昂贵的东西。个人信息就这样被他人所用。

随着电话的普及，一些通话功能以外的新功能也逐渐添加进来，诸如拍摄照片视频、浏览网页、欣赏音乐、预约管理日程或旅行行程等，而SNS（社交网络服务）便是其中的一大支柱。说到代表性的社交网络，一般会想到推特、脸书、Instagram、Youtube等，博客和网络论坛也算在其中。

当下SNS不仅用于个人发送信息，企业还将其用于广告、PR、宣传、营销、品牌战略等。其优点在于"轻便、简易、低价、迅捷"。如今电视、广播、报纸、杂志的广告费逐渐转移到网络，因为需要能够吸引更多人的内容，所以企业便在SNS上下足了功夫。

反过来看，这种便捷性也是一种缺点。这一缺点不仅会给企业的形象抹黑，还与销售额锐减、股价暴跌、员工雇用问题等息息相关。

主页上的文章或电视广告因没有提前做审核而涉及人权或歧视问题，以及不经意涉及性骚扰等多为引发关注的契机。另外，这种情况也多始于员工轻率的恶作剧。就像前文提到的事件：将进入打工场所的冷藏室的照片发布到网上，或是将在便利店用手戳关东煮的视频发布到网上等。此外，由其他过分言行引发事端的例子也不少。

吉本兴业的艺人，因为SNS上的发文引发舆情事件大多是跟饮酒有关。我在职的时候担任过合规委员，那时曾跑到剧场后台给艺人们做培训，我当时说："在SNS上翻车其实跟醉驾造成交通事故是一个道理。所以，你们在网上发文前一定要提醒自己：喝酒不发文，发文不喝酒。"某艺人在人气节目《人志松本的绝不冷场谈话秀》上曾把这件事拿来当作节目上的梗，还夸奖说："倍儿哏儿！"

2018年年末的搞笑大会的第二天，节目上评委不经意的粗口在Instagram直播上引发舆情。

在这里，我总结两个有关在SNS上发言的注意事项。

1. 社交网络负责人应该具备"Net Literacy（网络素养）"

社交网络的负责人也好，撰稿人也好，都应具备良好的"Net Literacy（网络素养）"，这是第一重要的事情。这也就是在本书前面提到的作为"表达者"的道德和规范。我们也可以将此理解为照顾接收方的感受。你必须要认识到SNS上充斥着好的坏的两面的东西，所以要直面其背后所蕴含的风险。有关人权、同性恋、歧视的理解和知识也是必不可少的。不要天真地以为"反正是拿日语写的，外国人应该也不会看"，这种想法是很危险的，谁也无法预测之后会发生什么情况。

2. 制作内容检查的流程报告

在将内容上传到网络之前，你要对内容进行检查，此时就需要制作一个流程报告。这在所有行业都是一样的，无论是建筑公司、糕点制造商，还是餐馆，都应该贯彻一个原则，就是在上传内容之前，一定要请多人对内容进行检查。不只是对文章内容进行确认，还需要检查使用的照片或图表中是否有错误，是否有侵权的可能，有参考或引用内容时，是否忘记标注出处等，这些都是"使用SNS的准则"，都必须进行确认。

接下来是舆情事件已经发生时的应对策略。

如果你震惊之后，立即将内容从网上删掉，此时，就算发布了致歉文章，不仅不会让人们忘记之前发布的内容，甚至还会令整个事件继续发酵。一旦舆情事件发生，其并不会简单地消失，应该说根本就不会消失。这种现象也被叫作"鱼拓"，意思是通过电子科技将信息原封不动地保存。在网上发现问题后，即使你想要立刻做出改变，其实还是晚了一步。掩盖是没有用的，类似删帖的隐瞒行为反而会成为最好的"料"。舆情事件一旦发生，有人会扒出被修改的细节，从而引起更大的风波。

这个时候你非常需要深呼吸一下，冷静下来。如果你是现场的负责人，那么请先跟上级商量，然后全方位地进行考量：冷静地把握问题发生的点，思考应该在哪个点认错，以及怎样致歉。

各位要注意，这些要点不仅限于SNS，电视节目播送、直播、出版物等也同样适用。毕竟，广告、PR（Premiere的简称，一款常用的视频编辑软件）、宣传等都是属于企业的"表达内容"。

通过社交网络发布的不妥内容

- 偏颇的政治、思想、宗教类内容
- 违反公共秩序和道德的内容
- 有关灾害的不负责任的预报内容
- 泄露个人信息的内容

舆情事件多始于被当事人揪住"小辫子",不过更棘手的情况是被住所不明、性别不明、名字年龄不详、国籍不明的网民们盯上。他们发布话题并不是在类似封闭的网络社区这样的环境里,而是在更加开放的空间进行散布,这样就比较麻烦。一个人把"瓜"拿给别人,而这个别人又继续将这个"瓜"扩散出去。

当他们对一个用户所发布的内容进行热议时,这个内容本身有可能只是恶作剧或毫无事实依据的评判。因此,如果立刻选择致歉就相当于承认了别人所发布的内容。单从这一点出发,也必须学着好好把握事实关系。

接下来聊聊传播的话题。从时间轴来看,被当事人揪住小辫子后,网友们就开始议论纷纷,反应过来时,网络以外的世界也开始讨论这件事情了。一开始这件事的讨论空间只是在推特上,然而后来,这个"瓜"就被上传到综合论坛上,之后就开始登上网络新闻,接着就被电视节目和周刊杂志报道,形成热点事件,整个过程真可谓是"出人头地"了。

说到传播需要的时间,让我们看一下之前讲到的搞笑大会"粗口事件",粗口爆出的同时就登上了热搜,所以这个时间不是数秒,而是瞬间。

那么，我在这里重新整理一下舆情事件发生时所有应该做的事情。

此时，首先你要有过去发生的事情不可能一笔勾销的觉悟，然后，就按照"致歉成功的六个步骤"展开行动。

（1）确认社交网络上的"言论或表达"是否涉及生命或人身安全问题。

这是要最先留意的问题。大家理解的舆情事件，可能只是"不合时宜"的"言论或表达"。但是这种问题其实可以严重到撼动一个公司或团体生存的根基。此类"言论"可能造成的影响中，包含着涉及生命或人身安全问题的可能。因此，在考量舆情事件所引发的各种情况时，必须去预测"预料之外的可能"。

（2）按照时间轴对事情原委进行整理把握。

对事情展开调查，弄清什么时候、在什么地方、发生了什么样的问题，其背后的成因是什么，将这些情况牢牢把握。对内容确认的过程进行检查。

（3）设定"目标"，制作"致歉方案"。

对事件的收尾方式进行预测，在此基础上制作面向该收尾方式的"方案"，这一步需要团队合作。

（4）查明原因，总结防止再犯的举措。

确认事件发生的原因，为了不再重蹈覆辙而对相关举措展开研究。

（5）向直接受害人致歉。

就算事情是发生在网上，但是如果受害人很明确，那么直接的致歉也是必需的。

（6）公布问题点的同时"出动灭火"。

此时重要的不是将原文彻底删除，而是抛弃这一想法，将原文保留。

在此基础上，展示自己做出反省的地方。当然，如果想要加上之前自己所做事情的说明也是可以的，此外还要公布"致歉信"。这个时候跟致歉一样，不要找借口，不要撒谎，也不要糊弄，不然只会火上浇油。你需要做的只是传达事实。如果已经向受害人致歉，可以在受害人知情的基础上公布这一消息。在事情彻底平息之前，有必要暂停之前一直进行的定期更新。

制定指导准则

作为今后危机管理的方针，企业和团体需要制定一个"有关使用社交网络的指导准则"。这套指导准则也可以称作"Social Media Policy"（社交网络方针），这对于企业和团体来说不应只是单由负责人掌握的规则，而应该是一套需要集体掌握的规则。鉴于工作相关内容可能也会经由个人账号被讨论或上传，所以，这个指导准则的制定也需要将这种情况纳入考量。

吉本兴业每年会进行一次上述的相关培训，培训内容就是公司有关艺人发文的指导准则，让艺人明确自己的"个人责任"。另外，公司还有规定：如果有疑惑或担心一定不要草率地发文，要与经纪人进行商讨。当然，社交网络培训的对象还包括制作人、经纪人等，其是一个涵盖所有人的公司内部培训，目的就是让大家加深对社交网络的理解。

当然，在进行积极防卫的过程中有一个非常重要的步骤就是"舆情监控"。监控搜索的内容有公司名、商品名，吉本兴业还会搜索艺人名字，通过这种方式可以确认自己的风评如何。另外，还能了解到针对自己的发文大家是怎样评论的，哪些人在关注等。其实在这个过程中就能够发现"火种"在哪。这是"危机管理术"的重要工作。

另外，在文部科学省于 2012 年公布的《有关学校网络巡视的工作事例·资料集（面向教育委员会等）》中，也可以看到为了保护孩子而对网络空间展开关注的工作案例。

容易出现问题的地方有很多，例如"在社交网络的个人信息栏写有学校的名字""从社交网络的发文内容可以找到一些个人信息""通过社交网络进行诽谤中伤"等。现如今，学校里的霸凌现象多发生在社交网络的世界里。其实，因为霸凌而转校的学生的个人信息常常会遭到散布，结果，有的学生就因此遭遇到新的霸凌而选择了轻生。

另外，不只是都道府县与公共团体，还有很多民间企业都开始将"网络违法·有害信息"的巡查工作交给了专业的公司来做。这样做的目的是找出违法站点以及有害信息，从而采取合适的应对措施以更正错误。其实，警察也在通过这种方式对猥亵物颁布（译者注：猥亵物颁布罪为日本的一种罪名，是指公然贩卖、分发、陈列含有猥亵内容的文章、画像、照片等）、教唆自杀、胁迫、违法毒品等相关案件和嫌疑人展开调查和拘捕。

此外，民间企业这么做主要是为了找出负面信息、非议、批评、诽谤中伤等内容，对意外事件等做到防患于未然，这也就是网络层面的风险管理。

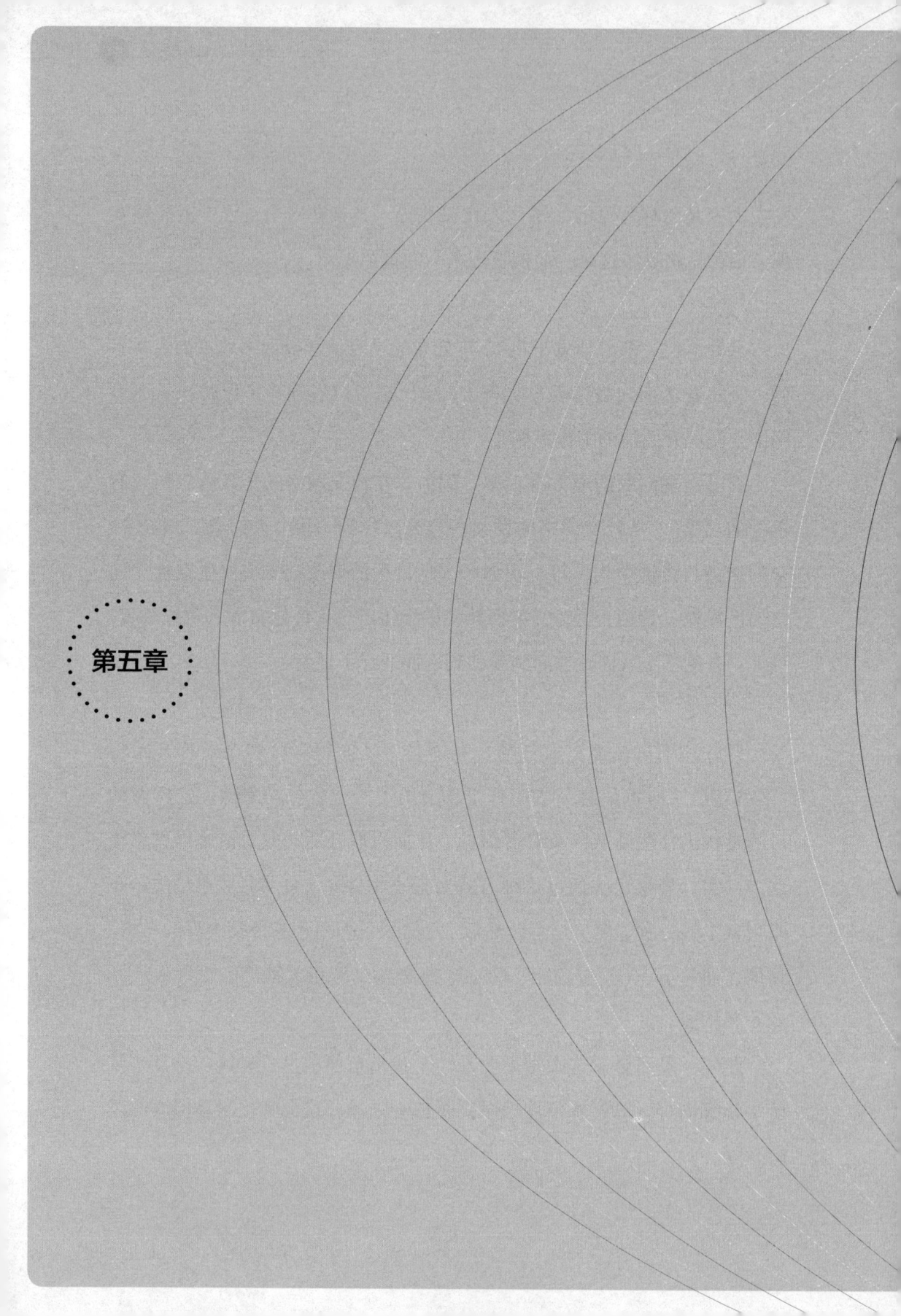

第五章

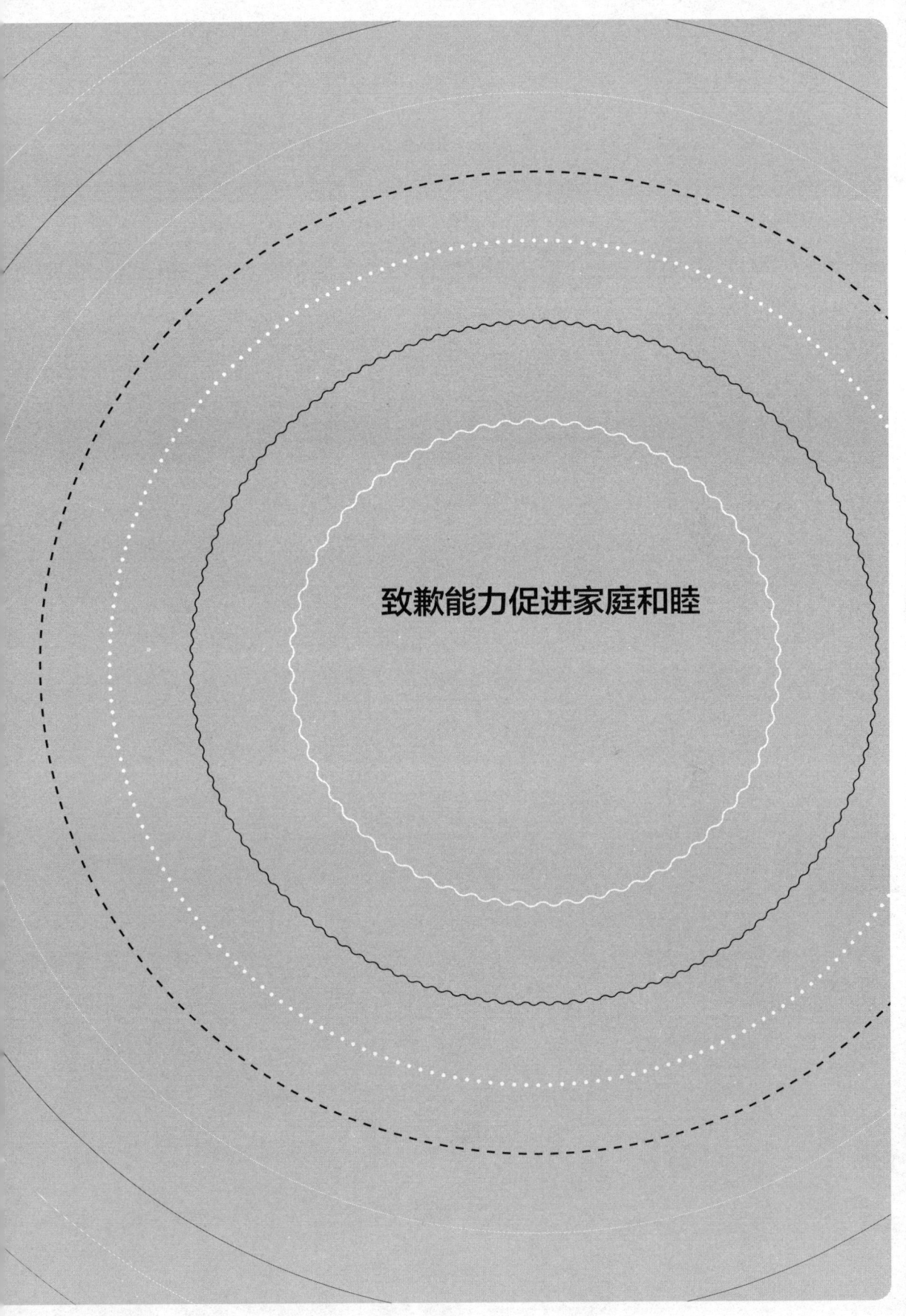

致歉能力促进家庭和睦

三大"禁忌"

前几章主要涉及企事业单位问题纠纷的分析，以及之后的处理方法。相信有的读者已经想到了，其实只要把场景、人物、步骤进行替换，这一套理论也能够促进家庭的和睦。

总的来说，夫妻之间吵架的原因，还是相互之间没有取得很好的沟通。现代人的角色类型在飞速地向多元化转变，人们的价值观在这数十年间也发生了巨大的变化，这样一个时代已经很难将夫妻各自的角色固定不变了。然而，人们的心中还是期待安宁与平稳的，没有人不希望自己的生活能够充满欢声笑语。

然而，这只是一种宏观概念，如果从微观的角度来看，人还是会因为性格差异、兴趣或思想的差异、文化的差异、当天的心情等发生争吵。根据一方的心情，既会有"你快乐所以我快乐"的情况，也会有完全相反，生一肚子气的情况。

在我这里有"三大禁忌"，它们分别是"正常""谁都""大家"。不加考虑地使用这三个词，很有可能会给沟通造成障碍。说严重一点，不谨慎地使用这三个词，甚至会酿成大祸。

比如，面对这样一个问题："正常来说，你的父亲是怎样的人？"你的脑袋里是不是要先形成一个特定的形象才能作答？

大约50年前，在日本，父亲的可怕程度被认为是排在"地震、打雷、火灾"之后的，现在则不一样了。现在既有"可怕的父亲"，也有"欢乐的父亲""废话连篇的父亲""不多话的父亲"等。

顺便提一下我认识的人当中，有一位经营百年老店和菓子屋的匠人，这位男士每到周末就会穿上女装乘坐电车去酒吧工作。

我问他："为什么要坐电车去上班？"他回答："因为在店里要喝酒啊！"

我接着问："为什么要穿着女装出门呢？"他答道："因为化妆很花时间，店里又没有换衣服的地方。"

我稍微深问了一句："不好意思，我想问你一个关于家庭的问题，你的家里人有说什么吗？"他说："家里人说我其实就是一个正常的父亲，只不过兴趣是女装罢了。"

这里也出现了"正常"这个词吧。如果有人读完后还是觉得喜欢女装的人不算"正常"，我也觉得没什么。但至少他的家人觉得父亲这样是

"正常"的，其实我也觉得是"正常"的。他既没有给任何人添麻烦，也把该做的工作都做好了，我觉得人能够自由支配自己的时间是很美好的一件事。

这便是"三大禁忌"之一的"正常"一词，其根据使用者的不同，甚至有可能产生完全不同的结果。如果草率地使用，可能会造成无法与对方取得沟通的后果。如果无法与对方取得"很好的沟通"，就会产生误会，而误会又会引发争吵。

同样的，"谁都""大家"这两个表达也需要注意。

我来讲一下我受挫的例子。小学三四年级的时候，号称"大象也踩不烂"的笔盒非常流行，我当时也想跟风，于是就跟父亲耍赖说："班里'谁都'有'大象也踩不烂的笔盒'，我也想要嘛。"

于是父亲说："你说'谁都'，都有谁？"

我立刻回答："小××、小##，还有小\$\$。"

"才三个人就别跟我说'谁都'，你要用'谁都'，那不得是班上八成的人？不买天又不会塌咯。"

这个时候，母亲说："暑假的时候，'大家'都出去旅游了。"

同样的，父亲随即回道："这个'大家'里又有哪些人啊？"

母亲就说："就是邻居老○○，还有老△△。"

父亲果不其然说："才两三个人就不要用'大家'。"

这样的情况发生过很多次，我和母亲没有办法就问父亲："那要怎么说嘛，就真的不行吗？"

父亲说了一句："'谁都'有，所以我也得有；'大家'都去，所以我也要去，这就是缺乏自我主体性的表现，以后不要再这么说话了。"

原来如此，所谓"要有自我主体性"就是要用第一人称说话。

学到这点后，我鼓起勇气，又一次向父亲央求："我想要'大象也踩不烂的笔盒'！"

父亲的回答非常犀利："笔盒就算换新了，也跟学习成绩的提升扯不上关系，所以我不会给你买。"我的要求还是没有被满足。

但是，从那时起我就认识到，要学着思考"人与人之间关于语言的认识可能是不尽相同的"。

刻板印象（Stereotype）并不好笑

长大以后，这"三大禁忌"在吉本兴业的艺人养成所也发挥了作用。

在漫才（译者注：日本的一种喜剧形式，类似中国的对口相声）里，"系包袱"的时候需要对"刻板印象"多加注意。所谓"刻板形象"，就是将某一特定的社会现象作为认识的前提，从而对人或者事物形成固化概念。注意这里提到了"固化概念"。喜剧当中需要在人们都知道的话题的基础上加上奇思妙想来创造出笑点。脑子里全是老一套、偏见、先入为主这样的刻板的东西是无法取悦越来越多元化的观众的，讲出来的东西也是无法让观众理解的。刻板印象只会影响沟通，造成沟通障碍。

要明白类似"最近的年轻人啊""最近的老人家啊"这样的梗已经无法让观众取得共鸣了。有时候"现在的女生啊""现在的老人啊"这样的台词，还会被当成是一种歧视而遭到起诉。

不要将人一概而论，过去的"刻板印象"已经不合时宜，可能只有在回忆时才有那么点意义吧。

比如，在电影《永远的三丁目的夕阳》中就有这么一句"50年前的父亲在家庭中是一种可怕的存在"。

少一些隔阂　多一些笑脸

"愤怒"由何处起又向何处去，这是一个引人深思的问题，本书认为"致歉"就是解开这个问题的钥匙。提前声明，下面这个故事选段并不是吉本兴业的新喜剧。面对怒不可遏的讨债人，老先生最终说出了一句"对不起"。就在老先生脱口而出的同时，姿态强硬的讨债人立刻就接了一句"算了"并原谅了老先生。周围的人都感到不可思议："刚刚明明那么生气，这就原谅他了？"讨债人回答道："老人家都道歉了，那我也就原谅他了。"虽然我觉得所欠的债不能就此一笔勾销，但是这件事情能够如此收场还是"致歉"和"原谅"的共同作用。

但是，不知道从什么时候起，急性子的人越来越多了。不知道是达到愤怒的"沸点"的时间变短了,还是"沸点"低了,老是会碰到一些暴脾气的人。不仅是大人,这样的小孩也很多。当大人面对这样的小孩,心里往往会想:"真是忍不了了。""我也不知道到底要忍到哪一步。"

对于平时习惯愤怒或生气频率很高的人来说,参与网上的舆情事件似乎是一种乐趣。反正既不是直接打人,也不用担心伤到自己,总之,就是没有真正在犯罪的感觉。看到对方陷入麻烦的漩涡似乎是能给他们带来快感的。如果将这种现象归咎于为了获得"游戏"的爽快感似乎显得有些片面,但是,对于抗拒与人直接对话的这代人来说,这可能与他们从出生起就被数字化的游戏以及社交网络包围不无关系。因为在这个世界里,出生地、年龄、学历并不重要,胜负才是"王道"。

我虽然不是社会学家,但是据我的观察,当下依赖于游戏和动漫且主要靠社交网络进行人际沟通的年轻人不在少数。

大人们在将这些年轻人的交流方式与自己的方式作比较后,可能会说他们缺少人际交流,但是他们自己其实并不觉得自己缺少人际交流。因为这就是他们的日常沟通方式。大人眼中的"非日常"就是他们眼中的"日常"。在数字化工具的帮助下,他们能够跨越时间、空间的界限进行交友活动,通过网络与意气相投的人成为伙伴。

长久以来,越来越多的家庭成员分居各地,难得温情陪伴与团圆,这被认为是造成年轻人缺少人际交流的原因之一。房屋的构造和布局导致家庭成员虽然生活在一个屋檐下,却很少有机会对话。比如,在很多独门独户的商品房里,有这样一种常见的构造,从玄关进屋后,就能看到直接通往二楼的楼梯。孩子放学后就直接上二楼回自己的房间,再加上一家人吃饭的时间也不一致，所以他们很少有机会跟家长说话。就算在去洗澡或上厕所的时候撞见了，由于也没有想说话的意愿，所以也不会有任何对话。当然，卧室里往往也配有厕所和电脑，什么都是齐备的。

另外，我听说有的人因为无法忍受暴力，最后有家不能回。比如，有的孩子因为在家庭和学校都遭受欺辱，所以不知道哪里才是自己的容身之处；还有的孩子在学校里欺负别人，其实是因为自己在家庭里遭受了虐待，这种孩子在社会里也找不到容身之处。最后的结果就是跑到合得来的朋友家待着。

他们所寄身的空间与人际关系是多么地狭窄啊！我当然希望大人和孩子之间能够互相感受各自的手与体温、汗与呼吸。但是，如果父母和老师没有给过孩子这方面的教育，这也只能是一种无谓的幻想。

在这种状况下，我认为与对方之间的"共感能力"非常重要。"共感能力"是指一种互相谦让的精神或者贴近对方心灵的状态。在这之中，"理解"是不可或缺的。100%的互相理解当然是不可能的，但是至少应该在与对方的相互关系之中保持善意，互相谦让。永远不要过于自我，咄咄逼人，每一方都要试着体会观察对方失落的状态，适当地退让一步。

在监狱讲课的过程中，我也会突然向服刑人员提出这样的问题："如果一天早上，你在满员电车里看到一个推着婴儿车的母亲，你会怎么想？又会怎么做？"

一开始的时候我会收到类似这样的回答："她应该考虑一下别人的感受。""应该改一下出行时间。""碍事儿。"然后，我又接着说："再仔细考虑一下她的情况。"

这时就会有人开始注意："非要这个时候出门，肯定有她的理由。""应该是家里没有私家车吧。"

当我再一次提问，收到的回复就是这样的："我会给她让座。""我应该会忍住脾气。""我想帮她找到放婴儿车的空间。""我会请周围的人给她让座。"

听完这些回答后我说："看吧，大家不是挺能体谅推婴儿车的妈妈嘛！"说完大家都笑了起来。

其实在追求"共感能力"之前有一件必须要做的事情，那就是取得与自己的"共感"。具体来说，就是自己对自己足够尊重，能够在言行当中正确地"刹车"和"踩油门"。这里并不是说自己可以肆意妄为。一个社会人生活在这个社会当中，绝不能为了别人而让自己变得扭曲，相反，自己要首先控制好自己，并将这一面展现给别人，通过这样来取得别人的"共感"。

当每一个人都取得与自身的"共感"，然后相互体察对方的感受，建立起"互相宽容的关系"，这个社会也就会变成一个"宽容的社会"。然而，遇见能够真心相待的人并不容易。

这个时候，最大的秘诀就是笑容和笑声。

讲讲自己或家庭的失败之处，讲讲自己喜欢的艺人，常常逼着自己笑一笑，畅想一下未来，通过这些方式让自己保持一个高兴的状态，这对于身心健康都是大有裨益的。如果以这样一种积极的状态与对方相处，双方的关系一定能够向前迈进。

吉本兴业创造和售卖"笑声"也已经有 100 年以上的历史了，这也从企业的角度证明了"笑"的好处。

事例 1　婆媳问题

这段故事发生在 2018 年 11 月，我作为嘉宾参与了 NHK《早市》的特辑"致歉的秘诀"的节目录制。

在那之前，我所接触的有关"危机"和"致歉"的案例多是跟企业、团体、商店、企业人相关，而那一期却在录制现场请来了一名 44 岁的主妇，她面对的问题是"无法跟身在老家的婆婆处好关系"。

我当时非常担心自己是否能够处理好这种问题，节目的导演却说："我觉得说不定能够通过'致歉'来化解婆媳之间的矛盾。"然而，我还是不知道具体要怎么做才好。就这样，我连问题的核心都没有弄明白，他们就开始找我——问题专家竹中听取相关建议了。

与这名主妇进行交谈后我发现，问题在于这位主妇自己并不愿意道歉，而是希望能够得到婆婆的道歉。

作为一名"致歉专家"，为了正确地把握具体情况，我又针对"6W1H"展开了询问。

也就是发掘问题的以下要素：Who（谁）、Whom（对谁）、What（做了什么）、Why（为什么）、When（什么时候）、Where（在哪里）、How（怎样做的）。

这位女士家庭有四名成员，长子 5 岁，长女 3 岁。丈夫的老家离自

第五章 致歉能力促进家庭和睦

家约 4 个小时的车程。一胎出生之后,婆婆每天都会打电话过来,显得很亲热,但是二胎出生以后情况似乎就发生了变化。

那么,"矛盾"的点到底在哪里呢?

原来一胎出生以后,这位主妇一直让丈夫帮忙换尿布或者是做一些其他的育婴杂活。而婆婆似乎有一些不满,她还是那套生儿育女应该是媳妇的工作的老思想。在这对年轻夫妇看起来很自然的事情,婆婆看在眼里则会产生这种想法:"怎么能让我儿子干这些活呢?"于是在二胎出生前,这位主妇想把长子寄养在婆婆那边时,老人家就开始表现一些不满了。

不过据我分析,这件事情且不论谁对谁错,有一件事情是显而易见的,那就是双方并没有选择互相让步、互相理解。

家庭不同,家风便不同,这是很正常的,如果将各自的家风强加给对方是肯定会出问题的。如果带孩子的时候是同父母居住,那么,就算两代人之间有差异,由于每天都生活在一起,还是可以针对各自的想法和育儿方针进行磨合。但是,如果想与偶尔见一面的婆婆消除彼此之间的分歧,那就是相当难的一件事了。我的意思并不是说只要一直住在一起什么问题都能够迎刃而解。这个问题是很复杂的,说极端一点,虽然不用把婆婆当成是无法沟通的外星人,但是我们要明白,各自理念和育儿方式有不同是非常正常的事情。虽然从宏观概念的角度来讲,双方都是希望孩子能够"健康茁壮地成长",但是一旦落到微观概念上,婆婆可能会觉得孩子不喜欢吃的东西也犯不着强迫孩子吃,而孩子妈妈可能会觉得为了避免挑食得让孩子什么都吃。像这样的分歧,永无止境,因为双方的理由都是正当的。

于是我给出了我的意见："您和婆婆所生长的环境是不同的，因此，不用完全接受对方的想法。只要能够正确地理解'差异'，您应该就会明白您对于丈夫的期待和婆婆对于儿子的期待当然是会有所不同的。"接着我问："那么，您认为对于您的公公、婆婆，以及你们小两口，还有孩子，这六个人来说，你们共同的幸福是什么？"

这位主妇不假思索地给出了答案："就像女儿出生前那样，盂兰盆节也好，新年也好，季节更替的时节也好，一家人能够聚在一起吃吃喝喝，逛逛公园或者动物园之类的。"我一语道破："就是理想的家的样子。"

像这种情况就已经不需要再一起去寻找共同目标了，因为这个目标已经描绘出来了。

在我看来，到这里基本上就是结束了。致歉大师需要做的只有80%，由于已经找到了目标，所以，可以认为已经完成了80%的工作。

我当时是这样说明的：**这里的"致歉"本身并不是目的，而是为了达到家庭和谐的目的所使用的一种工具。**如果将"致歉"本身作为目的，说不定就会摆起架势紧张起来，但是由于真正的目的是重建一个幸福快乐的家庭，而且从立场上来说，让媳妇来致歉也应该是说得通的。这位主妇听完后欣然接受了这个建议。可能她也注意到"致歉"本身并没有那么沉重痛苦了吧。这种意识也是达成最终目的的一个重要条件。

这也印证了本书前面所讲的内容。

接下来，就到了让这位主妇朝着这个"目标"开始实战训练的一步。按照我们一同制作的"致歉方案"开始了训练。这个训练的内容并不是死记硬背台词，而是要记住说话的步骤。

在这个家庭里，自从长女出生以后，由于双方的矛盾，婆婆和媳妇已经有将近三年没有见过面。随着婆媳关系的恶化，夫妻之间也渐生隔阂，经常吵架。

这个时候就需要"致歉方案"闪亮登场了。我所写的方案都是"Happy End（圆满结局）"。这是因为我在吉本兴业的三十多年里，一直从事着制造贩卖"笑声"的工作，这也就变成了我的一种特长。在"吉本新喜剧"当中，就算是坏蛋，在最后也一定会改过自新，如果某人被坏人刺杀，大多数时候也都会被钱包、手机或者腰带扣所救，化险为夷，总之，就是不会让任何人物死去。就算是死了，也一定会起死回生并说一句："吓你一跳吧！"

这份致歉方案的要点大致有 5 个。

1. 问候语

由于久未相见，要讲一些与节令相符的祝福和对婆婆的关心。

2. 说明原委

报告家里的近况并说明事情发展到现在这种地步的原委。

3. 当下的心情

因为已经说明了原委，所以也要将心情用语言表达出来，这个时候也可以表达自己的反省。

4. 致歉

讲自己作为媳妇做的不好的地方，并就此表达反省和歉意。

5. 今后改善的点

讲今后可以改善的地方，以及具体的做法。

我要做的工作也到此为止了。后面就需要她自己去老家一趟了。到底婆婆会不会接受她的致歉呢？我也怀揣着不安，看了节目组的视频。

那么究竟发生了什么呢？自驾四个小时到达丈夫的老家后，三年没见到孙子的婆婆立刻跟孩子亲热个不行。媳妇儿却在一旁默不作声，无法切入致歉方案的内容。是因为提前练习反倒变紧张了吗？还是因为我的训练方法不对呢……

正当我还在东想西想的时候，他们进家已经超过了20分钟，丈夫终于开始聊一些三年里发生的事情了。媳妇也趁着话茬儿开始道歉："这三年真的对不起您，要是我当时能主动跟您道歉就好了……"

本来我以为婆婆只会默不作声地听媳妇讲，结果她说："该道歉的是我，对不起。咱们今后还是要和和乐乐的啊。"

在吉本新喜剧里，这种情况就属于"本来对话都无法进行了，但最后还是能以笑声收场"。

在听两人对话的过程中，我注意到了这么一点。

其实两个人早就想道歉了，两个人之间的问题并不在于纠结由谁道歉由谁原谅，而是在于双方都没有找到一个合适的交流时机。

这句话由我来说可能显得有些奇怪，但是我确实又一次被"致歉的力量"所折服和感动了。只要家庭成员能够将一家人齐聚一堂、互相沟通作为目标，那么家里一定能够充满欢声笑语。

我真的差点在看节目的时候感动落泪。

虽然这一家人跟我非亲非故，但是，当我看到他们经历曲折终于达到家庭和睦的目标，我就好像是看了一场悲喜交加的吉本新喜剧，难以忘怀。原来致歉大师也会落泪啊。

事例 2　邻居相处

这里主要把家人、亲朋、邻居等作为主要对象，将他们之间可能发生的问题进行整理。

在事例 1 里，与婆婆修复关系的过程当中，致歉的目的是推动事态，避"战"求和。确实，人际关系是一个复杂的关系。虽然我们明白没有办法毫无顾忌地前往致歉，但是还是需要适当地拿出勇气勇敢面对。毕竟，最终目的是"完美结局"而不是"道歉"本身。就算自己并没有错，但是，只要试着自己先主动放低姿态，寻求对方的理解，说不定对方反倒会向自己道歉。这就是"致歉的力量"。

下面要列举的这些，每一种都是你身边的人，正因为走得近，所以，闹得越僵心里越不是滋味，于是越应该早点解决。当然，这并不是说单方面的致歉就能够解决问题，如果有必要，一定要通过直接当面沟通、当面致歉来跨过这道坎。如果能够顺利地致歉，那么今后双方的关系一定会更上一层楼。另外，自己需要表明的主张直接表明就好，但是，如果反复强调自己的主张则会阻碍事态的推进。重要的是，首先去贴近对方的立场产生共感，然后理解相互之间的差异，找到双方共同的目标，最后，朝着这个目标共同迈进。把握这一基本点之后，就需要发挥"沟通能力"的作用了。不善表达也无大碍，因为重要的是将需要传达的意思正确地传达出去。

"致歉能力""共感能力"和"沟通能力"能够派上用场的地方有很多。比如：

与朋友间的纠纷；

前辈后辈关系的烦恼；

家族与家庭（丈夫、媳妇、孩子、亲家、其他亲戚）问题；

孩子之间的争吵、受伤、损伤物品问题；

妈咪团里的人际关系；

与他人（交往对象、店员）之间的纠纷；

数十年互不相让的同年级同学；

迎来三年之痛、七年之痒的夫妻；

被PTA（家长教师联合会）或房贷压得透不过气的时期；

应对公寓上下层或左右邻居的噪声骚扰；

因为倒垃圾的问题与邻居产生纠纷；

亲子之间主要通过发送信息进行交流的家庭；

在酒吧遇到敲诈勒索；

……

这样一列举，感觉好像日常的生活中充斥了各种纠纷与麻烦。事实当然并非如此，但如果你能够预测会发生的某种情况，那么，真正遇到的时候才能够处乱不惊、从容面对。

下一章我们将了解"致歉训练"的相关建议。

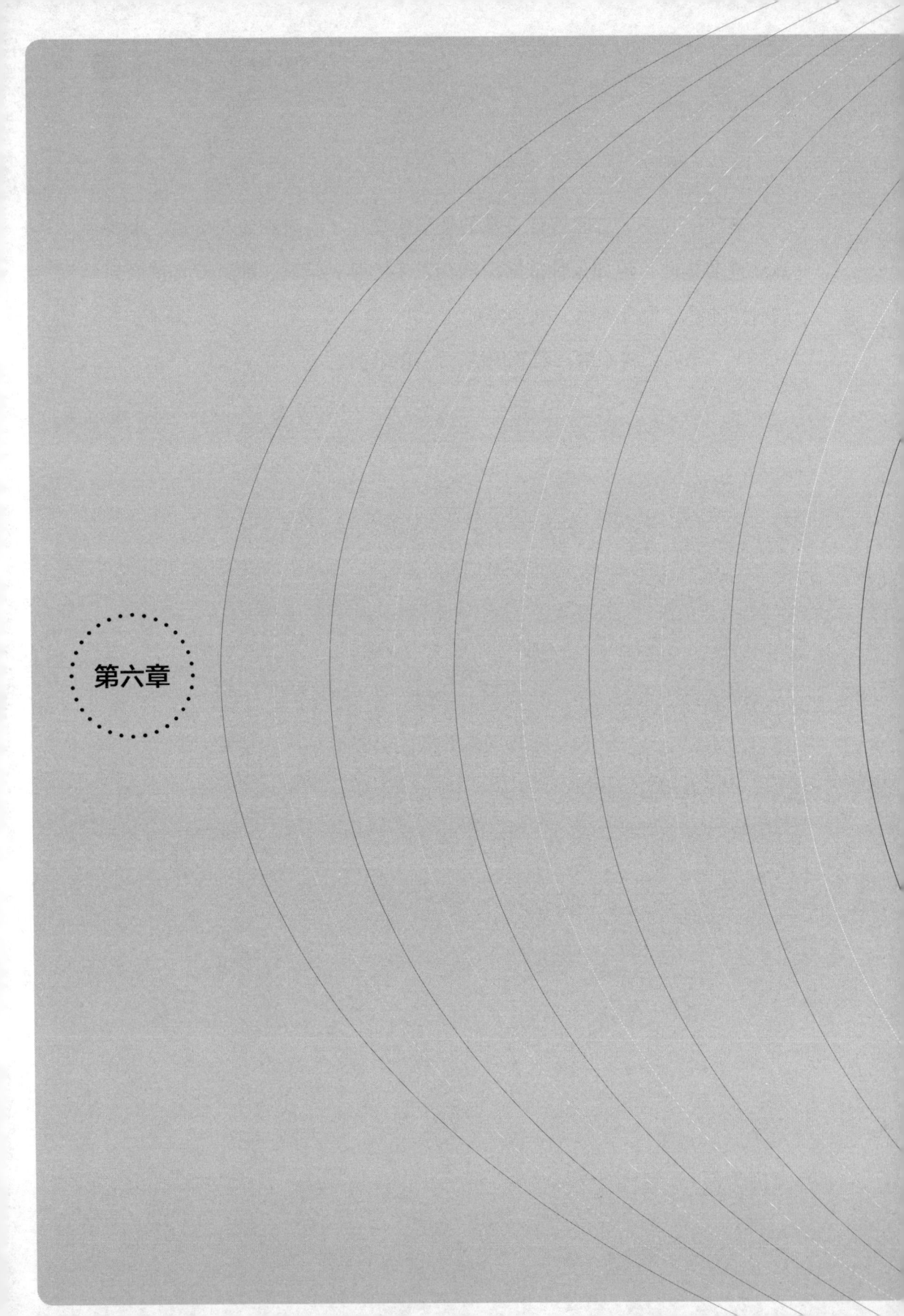

"致歉训练"的相关建议

防范公司、团体、家庭中的100种风险

【实战1】贯彻"风险的可视化"

准备100张小纸条，试着设想出100种风险吧。

首先你要做的就是"风险设想"。从任何公司或组织都可能发生的情况，到只有你所在的公司或组织会发生的情况，这些都一律用笔写出来。所谓"预料之外"的情况，其实就是那些你没有写出来的情况。从这个角度来看，你可以让外部人员加入你，为你提供一些外部视角下的"风险"。

"由于发生的情况是自己从未思考过也从未注意过的，所以吓到了。"

虽然这些状况被称为自己"预料之外"的情况，但是"危机管理"就必须要考虑到这些情况。只有做到这一点，才算迈出了准备的第一步。接着要做的就是将其落实到具体的对策上，也就是"致歉训练"这一步骤。

请你试着去预想一些意外情况，并将这种预料之外的情况化解，这件事非常重要。如果放任意外的发生，一旦发生200年一遇的灾害也不采取相应的对策，那么结果就会变得非常糟糕。对于遭遇灾害的人来说，那就是关乎生死存亡的紧要关头。这种情况下万不可一副事不关己的样子，考虑到自己和自己的家人，也要未雨绸缪。

首先，就想想你自己所在的公司、团体，你自己家里可能会发生的"风险"，想到什么都写下来。也可以所有人都试着写写，然后综合一下答案。

将这些纸条进行分类整理，然后贴到大家都能够看得见的地方。这种看似不起眼的"可视化"，其实能够唤起人们在日常生活中对于"风险"的注意。

前文提到过，在便利店或家庭餐厅的卫生间里会贴有"确认表"，前面的工作其实就相当于这个东西。定期检查后要由责任人签字或盖章，脏了要立刻打扫，厕纸、肥皂或消毒液不够了要补充，还要检查是否有人安装偷拍摄像头，如果有涂鸦要清理掉，垃圾箱的垃圾要扔掉。只要能够保证定期对卫生间进行检查，不仅在卫生间恶作剧的情况会减少，还能够确保提供一个清洁的环境。"确认表"就是将定期检查进行了"可视化"，在预防的同时，抑制力也发挥了作用。

导致某组织非致歉不可的"丑闻型风险"主要分为5类。

1. "企业"层面的丑闻

作假、篡改、残次品、接受不正当订货、整备不良、混入异物、过期、财产损失、账簿不一致、办公用具与备用品或资料等的丢失、物品或器材或办公用品或建筑物破损（器物破损）、在库数据或出货数据或进货数据的不一致、工厂爆炸、由商品缺陷等造成的严重人体健康问题、个人信息泄露、社交网络舆情……

2. 与业务有关的员工犯罪

不正当操作、不正当行为、渎职、诈骗、盗窃、业务上营私、篡改信息、伪造有价证券、妨碍业务、毁约、电脑犯罪。

3. 与业务无关的员工犯罪

性骚扰、偷拍、猥亵、赌博、吸毒、交通违法、抢劫、袭击、恐吓信、与反社会分子勾结、电脑犯罪……

4. 本人无恶意的情况

生病、住院、受伤、交通事故、离婚、食物中毒、欠债、男女问题、去世……

5. "公司内部问题"的外露

性骚扰、职权骚扰等各种骚扰：

学术骚扰、酒精骚扰、宠物骚扰、空调骚扰、年龄骚扰、兴趣骚扰、家务骚扰、顾客骚扰、KTV骚扰、校园骚扰、食堂骚扰、养老骚扰、圣诞骚扰、美食骚扰、告白骚扰、通信骚扰、性别骚扰、工时骚扰、甜品骚扰、气味骚扰、吸烟骚扰、性骚扰、催婚骚扰、社交网络骚扰、单身骚扰、出租车骚扰、技术骚扰、医师骚扰、怀孕骚扰、奶爸骚扰、职权骚扰、双人骚扰、字体骚扰、血型骚扰、患者骚扰、白色骚扰、婚姻骚扰、道德骚扰、情爱骚扰、裁员骚扰、种族骚扰、宗教骚扰等。

此外，企业卷入的风险一览（以制造业企业为例）
（以下参考©东京海上风险咨询株式会社2003）

- 灾害和事故

台风、水灾、龙卷风、地震、海啸、火山爆发、雷击、暴雪、恶劣天气、气象异常、火灾、爆炸、停电、交通事故、飞机事故、列车事故、乘船事故、设备事故、工伤事故、运送途中事故、被盗、有害物质、危险物质泄漏、生物灾害、网络系统（包含通信）故障、电脑病毒感染、电脑系统故障、网络恐怖分子与黑客进行的数据篡改或盗取、电脑数据的丢失。

- 经营相关风险

知识产权相关纷争、强化环境法规、环境赔偿责任、违反环境法规、环境污染、漏油事故、违反废弃物处理与回收相关法律、制造物责任（PL）、召回残次品、歧视（国籍、宗教、年龄、性别）、性骚扰、劳动争议、罢工、干事与员工的不正当或违法行为、员工丑闻、公司内不正当行为（营私、行贿、受贿）、集体离职、员工过劳死或由过劳引起的自杀、外国人非法从业、海外员工的雇用调整、海外常驻员工或海外出差员工的事故、国内出差员工的安全对策不足、提供不正当利益、违反反垄断法、卡特尔、串通投标、合同纠纷、内部交易、侵害隐私、假决算、巨额偷税、对政府监督机关虚假报告、来自顾客的赔偿要求、来自员工的赔偿要求、股东代表诉讼、衍生产品失败、信贷管理失败或客户倒闭、评级下降、股价巨幅波动、新项目或设备投资失败、企业收购或合并或吞并失败、公关或广告失败、竞争或顾客全球化策略失败、过度接待、客服服务失败、产品开发失败、公司内精准信息泄露、顾客或客户信息泄露、客户（顾客）遭遇灾害或事故、纳入商或外包商遭遇灾害或事故或倒闭、交易金融机关遭遇灾害或事故或倒闭、设备商遭遇灾害或事故或倒闭、经营层办公不力、伙伴公司的丑闻、无序经营、与区域社会关系恶化、应对媒体不力。

- 政治·经济·社会危机

法律或制度急剧变化、国际社会的压力（外压）、贸易限制或通商问题、战争、内乱、政变、经济行情变动、经济危机、汇率或利率变动、原材料价格攀升、市场需求变化、恐怖破坏活动、恐怖袭击或占领、网络上的批评或中伤、网络水军乱象、流量造假、黑公关、电信诈骗。

【实战2】开始"致歉训练"吧

为什么企业或组织无法顺利道歉呢？因为平日缺乏训练。组织会遭遇的丑闻涉及很多方面。有时候与业务无关的员工的性骚扰行为也会被报道为"某某公司的谁谁怎样怎样"，这一定会对企业的形象造成负面影响。就像前文所讲的那样，企业的致歉应作为风险管理的重要一环。

说到"训练",在企业、团体、学校等组织中比较常见的例子就是防灾训练和避难训练,其面对的灾害类型有:火灾、地震、大规模交通事故、水害、乘船事故、飞机事故、有毒物品、核能发电所灾害等。

跟这个一样,之前在实战1中所列举的面对各种风险时的应对方法也需要进行模拟训练。可以说,训练的实施情况有时会决定企业或团体的生死存亡。

然而,由于风险涉及各种情况,将每一种都考虑到且每天进行训练确实不太现实。"今天也要加油!""安全第一!"在早会上这样打完气之后,接着继续大声喊类似"今天也不能性骚扰!""是!""拒绝营私舞弊!""好!"这样的口号也不太可能。

不过一旦员工真的被逮捕了,还是需要社长去低头认错:"敝公司员工带来的麻烦……"

另外,工厂失火了该怎么办?社长突然发病倒下怎么办?就像针对这种紧急事态的演习一样,公司也一定要进行致歉相关的训练。

先随意抽选之前所说的小纸片,随后再根据纸片的内容展开训练。

训练肯定是要以团队的形式进行。要将之前发生问题时实际进行过分工的成员组成一个团队,然后根据抽选的情景进行训练。每一个人都要思考各自认为重要的工作,因为实际发生问题的时候是来不及再合作起来采取应对措施的。训练只有针对实际情况才有意义。前文中所设定的"致歉团队"是一种非常基础的构成模式,事实上还是要根据自己公司的组织构成以及业务内容来选择成员。

比如，假设员工因为醉酒闹事惊动了警察。

"首先，还是找咱们公司的法律顾问咨询一下吧？"

"不对，咱们的法律顾问是搞企业法务这方面的，对于这种问题应该不怎么擅长吧？"

"这样啊，看来需要找擅长民事方面的律师啊。"

"话说回来，律师要怎么找啊，还是找咱们顾问打听打听吧。"

这段对话显得非常地靠不住，不过至少只有考虑过这方面的情况，才会意识到自己是多么地缺乏准备。只有趁着这个机会提前找到擅长民事领域的律师，才能在意外发生的时候泰然处之。

再比如，顾客打电话来投诉。此时负责人不在，所以无法很好地应对，然而时机稍纵即逝，该顾客一气之下就将情况发在了网上引起了风波。这个时候应该怎样致歉呢？试着思考一下。

面对这种情况，平日里为保护企业的准备就显得必不可少。
首先列出"假如"的预设，然后针对每一项写出相应的对策。

1. 假如……的话
2. 假如……的话
3. 假如……的话
4. 此外……

提前像这样进行探讨。我们已经准备了原创的"危机管理确认表"，接下来就要一个一个地思考具体的处理方法。这些都需要分小组进行。

公寓一周，餐馆一分钟

我之前问过一家公寓管理公司，完成之前所讲的第一步到第五步的致歉步骤需要花多久，他们给我的回答是"预计一周"。

管理公司称，有居民会来咨询或投诉，比如："总是会有不知道哪来的车，擅自停在公寓前面自己租的车位里，车型和上面的贴纸都挺吓人的。""深夜会听到隔壁电视的声音吵得我没法睡好觉。"

面对这些问题，虽然管理公司也表示要立即采取措施，但是由于人手不足，投诉的问题还是迟迟没有解决。

虽然当事人就吓人的车子的事情联系了警察，但是由于停车场是私有地，警察应保持民事不介入。如果能够通过车牌号找到车主，然后进行电话联络，接通之后，警察还是会帮忙调解，不过如果没有接通，就只能不了了之。虽然当事人也想过用拖车来强行拖走这辆车，但是一旦损坏了对方的车，又可能引发赔偿问题。结果只能将自己的车停在稍微远一点的计时停车场，自己承担所有费用。这也是居民想要让管理公司出面解决的问题。

平心而论，这个管理公司确实挺靠不住的。从管理公司的角度来看，他们其实就是想通过拖延时间来平息事态吧。管理公司选择不介入，难道只能靠时间来解决问题吗？

虽然乱停车和深夜噪音都是违反道德、考验人性的事，但是，考虑到控告可怕车子的车主还是比较难操作，也不想直面隔壁的可怕大哥，可自己又不愿意忍气吞声，所以才找了管理人和管理公司，但是如果他们也不帮忙就真的很头大了。

因为管理公司的人说："我们一定会尽职尽责帮您解决。"所以，即使一周的时间长了点，但是当事人还是会祈求事情能够顺利解决吧。设身处地地想一想，真的要等一周，还是有点太久了。

请思考一下，如果你是负责人的话会怎么做呢？如果要打破现状的话，要做些什么好呢？

还有一次，我又趁机问了一个经营饭店的朋友同样的问题：从步骤1到步骤5要花多久的时间？令我吃惊的是，朋友只回答了一句："差不多1分钟吧。"这虽然有些极端，但他确实是对应付突发问题略有准备的。朋友说这都已经习惯了。这样的回答难免让人对这家店有些疑虑，但是根据朋友自己的介绍，做餐饮这个行当的人理所应当会对问题进行一些预设，也就是有一分钟解决突发事件的准备。虽然没办法讲一些店里实际发生过的纠纷，但是据他说，要顺利安抚勃然大怒的客人，靠的就是"一盅魔法般的热乎蒸蛋花"。

他告诉我，大阪的大妈们不管是在餐厅还是观光地，总是要把菜单或宣传册上的图片与实物进行比较，努力找出其中的差别，就好像在上演现实版的找不同游戏。

"服务员，这个腌菜的量是不是比图片上少了太多啊？""这个小碗儿肯定是比照片上小了！"

这个时候，店员会不做任何辩驳回答道：

"这位顾客,实在不好意思,是我们的疏忽。给您上一碗蒸蛋花,请您原谅。蛋花有点烫,请小心慢用。"

"哎呀,我也不是这个意思,小帅哥实在不好意思啊。"

简直就是高手过招。

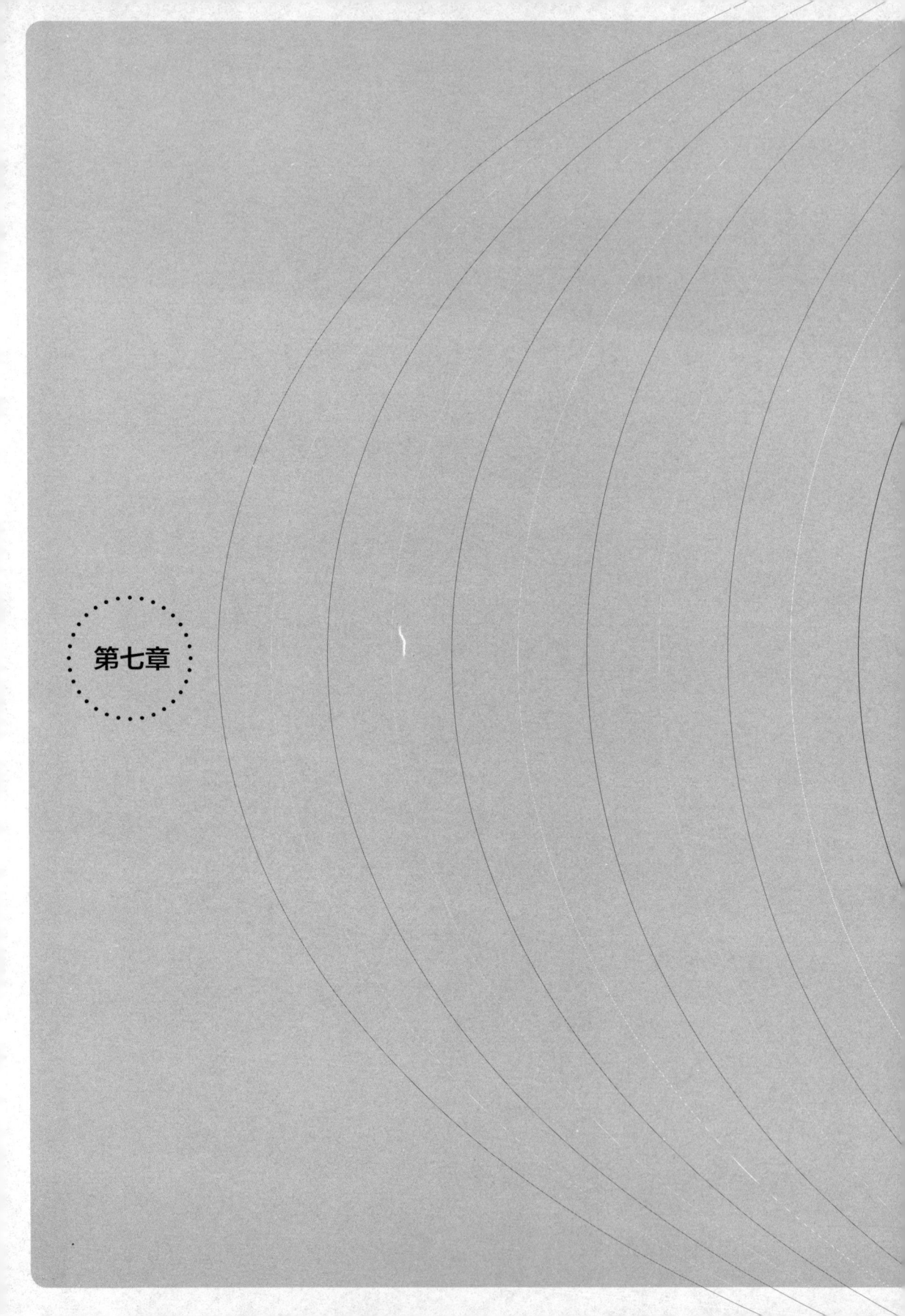

第七章

改变社会和自己的
"致歉能力"

掌握"解决问题的方法",拥抱更好的人生

世界人口在逐渐减少,无法进行良好人际沟通的人却在不断增多。明明多一些互相体谅、互相帮助的精神就可以做到这点,但是,总有人被卷入各种层出不穷的纠纷当中,这就是我们所生活的社会。另外,非常令人遗憾的是,每个人成为纠纷当事人的概率也在真实地攀升。

对此,我们又能做些什么呢?只有怀抱希望开始行动。面对教育改革、歧视等问题,重要的是设定一个具体的而不是抽象的目标,并为了这个目标制定相应的方案,然后付诸实施。

虽然人类各自的目标并不是一致的,但我希望至少能够像《日本国宪法》第十三条里写的那样:"全体国民都作为个人而受到尊重。对于谋

求生存、自由以及幸福的国民权利，只要不违反公共福利，在立法及其他国政上都必须受到最大的尊重。"还有第二十五条里写的："全体国民都享有健康和文化的最低限度的生活的权利。国家必须在生活的一切方面为提高和增进社会福利、社会保障以及公共卫生而努力。"

在这里，谈论理想虽然感觉有些不好意思，但是还是有必要为理想的世界描绘蓝图，将理想转化为确切的语言或进行其他可视化的作业。日本的少子化和老龄化持续推进，在这种情况下，人们需要针对今后的理想世界展开探讨，此外，还要在此基础上讨论从现在起可以为未来做的事情。当下，我们与海外世界的距离也在逐渐缩小，全球范围内的人口流动速度也不断加快，超越语言和民族的社会正在形成，在这样的环境下，我们可以做些什么呢？举个例子，帮助弱势群体，如果有个老奶奶提着东西在过马路，你就可以扶她一把；如果电车上有人战战兢兢地推着婴儿车，就可以询问其是否需要帮助。既然人人都有力所能及的事情，那么就主动去做吧。

在座位上沉迷游戏的年轻人的一旁，却有70岁的老爷爷在为80岁的老奶奶让座，这样的景象着实不该。"看看旁边！识趣一点！"又或者背着大大背包的小学生在电车的关爱座上呼呼大睡，这种景象也不应该。"别睡了，站起来！"不对，等等，让孩子精疲力竭的背包里原来装的都是教科书？这些东西难道不能用电子的吗？真想让科技能够更好地服务人类。

站在弱势群体的一方看待事物，这种方法其实与"致歉"的方法不谋而合。如果我说"致歉能力"可以拯救日本，是不是显得有些夸大其词了呢？

这本书的基本内容也就是我自己的行为规范。具体来说，就是**将企业、团体、家庭中每个人都拥有的对幸福未来的期许，在头脑中进行描绘，然后设定一个目标并将它排在一个优先的位置上，最后，为了达成这个目标付诸实际行动。**

其实我自己有一套"编辑人生"的标准。从我学生时代打工开始，到我后来成为上班族，我做过很多很多的事情：公关和宣传、杂志编辑主任和电影制作、电视广播节目和舞台制作、街道振兴工作，以及"危机管理"和"致歉"等。我一直靠着一种"编辑者的感觉"在面对并处理这些事情。

这里稍微就"编辑"这个话题展开讲讲。

讲到杂志或图书的制作过程主要有：

1. 策划

策划开始阶段完全可以动机不纯。想说的东西、想表达的东西、想知道的东西、想看的东西，各种内容都可以有。这个开始阶段必须要有一个"策划书"。而目标就是将这些策划出版成书（现在也可以出电子版），将想要表达的东西传达出去。

2. 编辑会议

定题，综合作家、编辑、读者各方的意见。得到出版社的批准后就可以制作时间表了，然后就是取材，动笔。

3. 写稿

手写、电脑写都可以，写完后就送到编辑那里。我是将各章节的要点写好后再用手机写稿，我会在手机备忘录里分项写，哪部分有灵感就写哪部分。在新干线上、飞机上随时随地地写，之所以这么做，背后有很深的原因。

4. 排版与封面设计

设计封面和腰封的文字。与编辑和美术设计商量文本中哪些地方要插入照片、图表、插画，怎样插入。

5. 送印并完成长条校样

编辑将原稿送到印刷厂，对标题、文字大小、字体等进行调整后再试印出来。这一步就叫作"长条校样"，"长条"应该源自英语的"Galley"，以前将活版组装好后放活版的木质容器就叫作"长条"，所以，现在试印也就自然被称作了"长条校样"。

6. 校正工作

作者需要将长条校样与原稿进行比对，改正其中错误和不完备的地方。在这一阶段，作者和编辑会针对原稿互相发问，对原文的修改也主要在这一步。

7. 再修改

本来"长条校样"的纸张上会用红笔标注变更或改正的地方，由于我很多时候都是远程作业，所以会将"长条校样"用 PDF 的形式进行修改。让对方先发来邮件，再把文件导入 12.9 寸 iPad Pro 里的一个 App "GoodNotes"，之后再使用 Apple Pencil 调成红笔进行标注，最后再次发回给编辑。从构思到印出样本，几乎都没有使用过纸张。到这一步所碰过的纸，应该就是"装订样本"，其内部是没有印刷任何东西的白纸，由于与实际制作时是使用同样的纸张，所以能够判断出页数和厚度。

8. 校毕、责毕

"校毕"就是指"校对完毕"，"责毕"就是"责任校对完毕"的省略。

9. 印刷

将文字和图片通过粉墨等印刷到纸张上。近年还有电子出版的形式，所以，这种就不叫作"印刷"，而是指将完成的作品放到网上流通。

10. 完成

完成后就开始售卖，此时会举行促销会议，现场除了编辑还有负责营销、推广的人员。出版社会出资让报纸发广告，与作者合作在各大书店举办巡回活动。另外，为了推广，出版社还会向相关人士赠书，帮助该书登上书评栏。

说了这么多来介绍"编辑"这个事例，就想让大家明白一点，编辑的"最终目标"不在于将书出版出来，而在于将书最终让读者读到，让读者接纳其中的内容。

"致歉"也一样，道歉本身并不是最终目的。

这一点在讲橄榄球擒抱事件的时候也提及过，首先必须要设定一个目标，然后朝着目标解决眼前一个一个的问题。在这个过程中，没有捷径可走，只有一步一步地向前推进。

"编辑"这个工作就好像是一只蚂蚁，既要在地上爬行，又要爬上无人机去俯瞰树和森林，去听取观众、读者等各方的需求，然后，通过一个合适的媒介将高质量的信息提供给需求者。

试着用杂志和图书的"编辑"方式让自己的人生、组织、家庭等变得更好吧！商业计划也是一样。

商业计划

1. 制定计划

2. 编辑会议（交流感受、想法）

3. PDCA（plan-do-check-action 计划－实施－检查－行动）或者 PDS（plan-do-see 计划－执行－考核）

4. 校正、重建、翻新

5. 标红的地方重写（Restart、Reborn）

6. PDCA 或 PDS

7. To be continued（待续）

8. Endlesslife（永无止境）、Happy ending（圆满结局）

本书多次提问："如果是你会怎么做？"并不是说读完本书就能掌握"致歉能力"，毕竟致歉并不是那么简单的东西。所以，我希望大家能够亲身地去体验它。您认为呢？

本书能够写成，多亏了责任编辑坂卷正伸的热情帮助，将前作《好的致歉》送出问世的时任责任编辑长友真理的鼓励，还有各位家人、朋友们一直以来的支持，在此向各位表示深深的感谢。

最后，想给大家推荐一首歌，《尊重自己（Respect Yourself）》。

该曲发行于 1971 年，歌曲的主要内容是："如果自己都不尊重自己，那么别人又怎会尊重你。"这首歌曾登上全美音乐第 12 位，有很多音乐人都曾翻唱过这首歌。

2018 年，在监狱释放前回归指导教育的课堂上，电台里的 DJ 也放过这首名曲。请大家一定要听听看。

附 录
"致歉方案"确认表

与电影和电视剧的剧本一样，任何人读完之后都能对内容取得共同的认识，记录了故事大纲和基本台词。剧本就是"致歉的设计图"。

- 方案准备篇

成功致歉的六个步骤

- 方案制作篇

1. 设定状况

致歉对象的姓名及住所、访问时间、见面事项确认、交通方式、访问成员、致歉和赔偿的内容……这些都要完全确认→参照第四章"危机应对办法"

2. 问候与自我介绍

正确介绍公司及职位。

同行人员自我介绍……

介绍的顺序要提前决定好。

3. 致歉

明确面向谁，为了什么而道歉。

4. 原委或原因（具体且正确）

确认6W1H。

即：Who（谁）Whom（对谁）What（做了什么）Why（为什么）When（什么时候）Where（在哪里）How（怎样做的）。

5. 防止再犯举措（具体且正确）

通过6W1H确认。

6. 赔偿

准确地传达对象、内容、金额、支付日期等内容。

7. 问答环节

尽量排除预想外的问题。基于事实考虑各种可能性。

8. 最后再次致歉

9. 结束时问候

- 操作篇

1. 取得会面许可、决定到访日期

谁、什么时候、怎样做……第一步非常重要，要迅速果断。

2. 致歉当日

提前确认拜访时间、衣着、伴手礼，确保无误。

3. 要注意的 NG 点

→参照本书第四章

4. 后续

需要做些什么？致歉本身不是目的？就从现在开始！